Introducción a las variedades lingüísticas del español

This book is part of the Peter Lang Regional Studies list.
Every volume is peer reviewed and meets
the highest quality standards for content and production.

PETER LANG
New York • Bern • Berlin
Brussels • Vienna • Oxford • Warsaw

Alex JR Quintanilla

Introducción a las variedades lingüísticas del español

PETER LANG

New York • Bern • Berlin

Brussels • Vienna • Oxford • Warsaw

Library of Congress Cataloging-in-Publication Data

Names: Quintanilla, Alex JR, author.
Title: Introducción a las variedades lingüísticas del español / Alex JR Quintanilla.
Description: New York: Peter Lang, 2021. |
Includes bibliographical references.
Identifiers: LCCN 2020055106 (print) | LCCN 2020055107 (ebook)
ISBN 978-1-4331-7906-8 (hardback) | ISBN 978-1-4331-7907-5 (paperback) |
ISBN 978-1-4331-7908-2 (ebook pdf) | ISBN 978-1-4331-7909-9 (epub)
ISBN 978-1-4331-7910-5 (mobi)
Subjects: LCSH: Spanish language—Variation. | Spanish language—Usage. |
Spanish language—Textbooks for foreign speakers.
Classification: LCC PC4074.7 .Q56 2021 (print) | LCC PC4074.7 (ebook) |
DDC 467—dc23
LC record available at https://lccn.loc.gov/2020055106
LC ebook record available at https://lccn.loc.gov/2020055107
DOI 10.3726/b16716

Bibliographic information published by Die Deutsche Nationalbibliothek.
Die Deutsche Nationalbibliothek lists this publication in the "Deutsche
Nationalbibliografie"; detailed bibliographic data are available
on the Internet at http://dnb.d-nb.de/.

A la Yaya

Tabla de contenidos

Agradecimientos

Este trabajo es el resultado del apoyo que he recibido a través de becas y premios de varias instituciones en diferentes periodos de mi formación como lingüista: la Universidad de El Salvador (El Salvador), la Fundación Carolina y la Escuela de Lexicografía Hispánica de la Real Academia Española (España), West Virginia University, University of Florida y Butler University (Estados Unidos). ¡Muchas gracias!

Introducción

Casi 500 millones de personas hablan el español como lengua materna en todo el mundo. 50 millones de ellos viven en Estados Unidos (EE. UU.). El español es también el idioma más aprendido en EE. UU. Si bien entre los propios hablantes hispanos suele ser bien conocida la gran diversidad cultural y lingüística dentro del mundo hispano, la mayoría de personas que aprenden español como segunda lengua muy poco saben al respecto. Para un mexicano y un puertorriqueño, por nombrar cualquier nacionalidad hispana al azar, un primer encuentro entre ellos sería un choque de dos culturas con dos tipos de español opuestos. Para alguien que aprende español como lengua extranjera dicho encuentro seguramente sería el de dos personas de una misma región con un español parecido. Esto se debe a que poco se habla en los libros y en las clases de español para extranjeros sobre la enorme diversidad lingüística dentro del mundo hispano. Se suele generalizar el español como una unidad, que a lo mucho se divide en "el español de España" y "el español de Latinoamérica". Incluso entre los mismos hablantes de España existe esta conceptualización de que en América se habla un español parecido entre sí y, de igual forma, en América se piensa que el español de España es uno solo. Como podremos constatar a través de este libro, existe una gran diversidad lingüística dentro del mundo hispano. Nos sorprenderemos que muchas regiones distantes tienen muchas cosas en común, mientras que ciudades vecinas pueden tener acentos totalmente diferentes. Es nuestro objetivo, pues, desmentir esta idea de que el español es una unidad y mostrar al lector la gran riqueza lingüística del español que existe en todo el mundo hispano.

Iniciaremos nuestro recorrido por España para luego saltar el charco hacia América, y recorrerla de punta a punta, de norte a sur. En los primeros tres capítulos, trataremos algunos temas esenciales para introducirnos en el mundo de la dialectología, la sociolingüística y la fonética, conceptos que nos ayudarán a entender los diferentes rasgos lingüísticos de cada región. En el resto de capítulos, haremos un repaso a aspectos generales de cada país (datos geográficos, demográficos, culturales, culinarios, etc.) para luego detenernos a examinar los rasgos dialectales fonéticos, morfosintácticos y lexicales más sobresalientes y típicos de cada país o región. Intentamos incluir solo aquellos rasgos que son significativos de cada región, tanto a nivel culto como informal. Cada capítulo cuenta, asimismo, con ejercicios de práctica, así como referencias que incluyen tanto enlaces a sitios externos con más contenido y ejemplos como palabras claves para que el lector pueda investigar por sí solo más sobre cada dialecto.

Este libro está pensado para aquellos estudiantes de español de nivel intermedio alto o superior que deseen conocer más de la diversidad lingüística de la lengua española. Al mismo tiempo, esperamos que este libro pueda también ser una guía práctica y orientadora para aquellos interesados en aprender los rasgos lingüísticos del español de un determinado país, ya sea antes de visitarlo o durante una estadía.

CAPÍTULO 1

El mundo hispano y su división política

Cuando hablamos del mundo hispano nos referimos principalmente a los países o regiones donde el español es la lengua oficial y de uso mayoritario. Típicamente, dividimos el mundo hispano en cinco regiones: la peninsular (España), el Caribe (Cuba, República Dominicana, Puerto Rico, Panamá y toda la costa este desde México hasta Venezuela), México (el único país norteamericano), Centroamérica (Guatemala, El Salvador, Honduras, Nicaragua y Costa Rica) y Sudamérica (Colombia, Venezuela, Ecuador, Perú, Bolivia, Chile, Paraguay, Uruguay y Argentina). Estas divisiones, que no dejan de ser arbitrarias, están relacionadas con la historia de cada región, tanto antes, durante y después de la colonización española. Evidentemente, dentro de cada área podemos hacer más divisiones, especialmente dentro de Sudamérica, dada su gran extensión.

Fuera de estas regiones, el español también se habla de manera significativa en Estados Unidos (Lipski, 2008), donde incluso hay más hablantes de español que en muchos países hispanos. Sin embargo, en EE. UU. el español no es la lengua mayoritaria del país. Además, el español de EE. UU. está formado por diferentes tipos de español, tanto del español que traen los inmigrantes hispanoamericanos, como el de los habitantes descendientes de los primeros hispanos que habitaron EE. UU. durante la colonia española antes que los anglosajones. El influjo del inglés es también evidente en el español de EE.UU. La mayor parte de hispanos en EE. UU. se concentra en el sur y oeste, especialmente en California y Texas.

Ciudades como Nueva York, Chicago y Miami también poseen grupos grandes de hispanos. Las comunidades hispanas más grandes en EE. UU. proceden de México (36.6 millones), Puerto Rico (5.6 millones), El Salvador (2.3 millones), Cuba (2.3 millones), República Dominicana (2.1 millones), Guatemala (1.4 millones), Colombia (1.2 millones), Honduras (940 000) y España con 810 000 (Pew Research Center, 2019).

Otro país donde el español tiene reconocimiento oficial y donde es hablado por un gran porcentaje de la población es Guinea Ecuatorial (Lipski, 2000). A pesar de su oficialidad, el español en este país es una lengua de uso secundario, siendo las lenguas africanas locales las de mayor uso a nivel vernáculo. Filipinas también tiene un pequeño porcentaje de su población que habla español, además de una lengua criolla de base española (una mezcla del español con lenguas nativas), el chabacano, que ha quedado como un remanente de la época colonial española. Hoy en día, la mayoría de filipinos habla filipino o inglés. La lengua filipina, no obstante, posee un porcentaje considerable de palabras de origen español (Weedon, 2019).

Dada la gran extensión que abarcan todos los países y regiones del mundo hispano, no es de extrañar que sea una región muy diversa y rica en cultura y geografía. Encontraremos países con climas tropicales o fríos, montañosos o llanos, con playas de arena blanca o negra, con volcanes, lagos y ríos inmensos, tierras tropicales o desérticas. Muchas veces se asocian los países de Latinoamérica como una sola región llamada "Sudamérica" con junglas y climas tropicales. ¡Nada más lejos de la realidad! De hecho, en muchas ciudades que están cerca del Ecuador uno debe andar con chaqueta. Hay países que son muy urbanos, con metrópolis tan grandes como Nueva York, y otros con pueblos pequeños y pintorescos. La cultura en algunos países es más indígena, en otros más africana y en otros muy europea. La diversidad culinaria puede incluir como base el maíz, la yuca o la harina. Incluso para el propio hispanoamericano o español, viajar dentro de su propio país constituye una experiencia de aprendizaje de nuevo. ¡No se diga si se viaja de España a México o Argentina! Lingüísticamente hablando, la mayoría de los países son multilingües. Encontraremos muchas regiones donde el español convive con otras lenguas.

Finalmente, una aclaración muy importante para cuando hablemos de los pueblos originarios de América (tanto los que habitaron el continente antes de la conquista española como los que tienen orígenes indígenas en la actualidad o, incluso, solo facciones físicas). Nos referiremos a ellos con las palabras "indígena" o "amerindio/a". No recomendamos el uso de la palabra "indio/a". Si bien en algunos países hispanos de poca o ninguna presencia indígena (por ejemplo, España) se les llama "indios" a las personas que tienen rasgos físicos amerindios, la palabra "indio" o "india" en muchos países con presencia indígena tiene un significado despectivo e insultante. "Indio/a" en estos países puede significar "estúpido/a", "ignorante", entre otros significados igualmente negativos. Y aunque su uso no está prohibido legalmente en ningún país hispano, esta palabra puede tener una connotación sumamente negativa.

Ejercicio 1. ¿Conoces los nombres de las capitales de los países hispanos? Escribe el nombre de las capitales que conozcas (aclaramos que Puerto Rico no es un país, sino un territorio estadounidense, pero lo incluiremos en esta lista). Si no sabes algunos nombres, no te preocupes, luego lo consultas en la red.

- España
- Cuba
- República Dominicana
- Puerto Rico
- México
- Guatemala
- El Salvador
- Honduras
- Nicaragua
- Costa Rica
- Panamá
- Colombia
- Venezuela
- Ecuador
- Perú
- Bolivia
- Paraguay
- Chile
- Uruguay
- Argentina

Ejercicio 2. Las siguientes son algunas de las ciudades más importantes del mundo hispano. ¿Puedes decir a qué país pertenecen? Ojo: algunas de estas ciudades existen en más de un país.

- Barranquilla
- Cali
- Córdoba
- Cusco
- Guadalajara
- Guayaquil

- Medellín
- Mendoza
- Monterrey
- Puebla
- Quetzaltenango
- Rosario
- San Pedro Sula
- Santa Cruz de la Sierra
- Santiago
- Sevilla
- Valencia
- Valparaíso

Ejercicio 3. ¿Qué países hispanos forman las siguientes regiones?

- Norteamérica
- Centroamérica
- Sudamérica
- El Caribe
- Peninsular

Ejercicio 4. Responde las siguientes preguntas.

1. ¿Qué país o región del mundo hispano te llama más la atención? ¿Por qué?
2. ¿Has estado en algún país hispano? Si tu respuesta es positiva, ¿Adónde fuiste? ¿Por cuánto tiempo? ¿Qué cosas te parecieron interesantes? Si no has estado, ¿A cuál país te gustaría ir?
3. ¿Por qué crees que la palabra "indio/a" tiene una connotación negativa en muchos países hispanos? Explica.

Ejercicio 5. En la geografía del mundo hispano encontramos una diversidad de climas, desde tropicales hasta invernales. Todo depende de la latitud y altitud. ¿Qué tipo de clima crees que tienen las siguientes ciudades? Usa las siguientes clasificaciones: frío, caluroso, fresco o con las cuatro estaciones.

- Bogotá, Colombia
- Buenos Aires, Argentina
- Caracas, Venezuela
- Ciudad de Guatemala
- Ciudad de México
- Ciudad de Panamá

- La Paz, Bolivia
- Madrid, España
- Santiago de Chile
- Santo Domingo, República Dominicana

Ejercicio 6. Responde las siguientes preguntas.

1. ¿Tienes amistades de origen hispano? ¿Dónde las conociste? ¿Hablas en español o inglés con ellas?
2. ¿Hay comunidades grandes de hispanos en la ciudad donde vives? ¿De dónde son?
3. ¿Se usa el español en los comercios de tu ciudad? ¿En qué tipo de negocios o lugares lo has visto?
4. ¿Crees que aprender español se ve como algo positivo o negativo en EE. UU.? ¿Por qué?

Recursos adicionales

- Para mayor información sobre la demografía y geografía del mundo hispano, consulta el World Factbook https://www.cia.gov
- Si quieres oír cómo suena el español de Guinea Ecuatorial, visita el sitio en español del canal de televisión de Guinea Ecuatorial TVGE, disponible en http://www.tvgelive.gq
- ¿Quieres oír cómo suena el chabacano? Puedes buscar en la red la música de Queen N (por ejemplo, su canción *Esperanza*) y de Cheeze de Sal *Tiene duenyo*.

Referencias

Lipski, J. M. (2000). The Spanish of Equatorial Guinea: research on la hispanidad's best-kept secret. *Afro-Hispanic Review*, 19(1), 11–38.

Lipski, J. M. (2008). *Varieties of Spanish in the United States*. Georgetown Studies in Spanish Linguistics.

Pew Research Center. (2019, 16 de septiembre). *Facts on Latinos in the U.S.* https://www.pewresearch.org/hispanic/fact-sheet/latinos-in-the-u-s-fact-sheet

Weedon, A. (2019, 9 de agosto). *Inside the Push to bring back Spanish into the Philippinnes* [2021-05-06]. https://www.abc.net.au/news/2019-08-10/inside-the-push-to-bring-back-spanish-into-the-philippines/11356590

CAPÍTULO 2

La variación lingüística

Una **lengua** es un sistema de comunicación lingüístico. Puede ser un sistema escrito, hablado o de cualquier otro tipo. Un **idioma** es la lengua de un país o una región, por ejemplo, el español, el inglés, etc. Lengua e idioma suelen ser términos intercambiables cuando se refieren a los sistemas de comunicación verbales de una región o país (español, inglés, chino, etc.). Por otra parte, el término **lenguaje** es a veces intercambiable con lengua cuando hablamos de códigos de comunicación o de la forma de expresarnos. Por ejemplo, el lenguaje de las computadoras es un sistema de códigos, la forma de hablar que un adolescente usa con sus padres puede ser un lenguaje grosero. Lenguaje e idioma no son intercambiables, pues lenguaje, como dijimos, denota un sistema de códigos o signos e idioma el habla de las personas de una región o país. Nótese que la forma de comunicación de las personas sordas solía llamarse lenguaje de señas, término que ha ido quedándose obsoleto y se ha venido reemplazando por el de lengua.

Como en cualquier otro idioma, el español posee una diversidad de variedades lingüísticas según la región. Por la forma de pronunciar y de decir las cosas (como estructuras gramaticales o palabras que se utilizan para llamar algo) podemos reconocer si una persona es de Madrid o Buenos Aires, Lima o Cusco, la capital de México o Veracruz, Ciudad de Guatemala o San Salvador, etc. En cada país encontramos diferentes formas de hablar dependiendo de la región, ciudad, etc. Muchos hablantes reconocen el origen de alguien por el **cantadito**, es decir, la *entonación* que tiene una persona al hablar. El término cantadito es una manera informal de decir que el habla de las personas de otro lugar suena diferente. Otra forma menos informal para referirse al cantadito es el término **acento**.

En lingüística se suelen usar los términos **variedad** o **dialecto** para referirse a la forma de hablar de una región. Hay lingüistas que se oponen al uso de la palabra dialecto porque puede confundirse como un término despectivo y prefieren las palabras **variedad** o **variante**. Por otra parte, a nivel popular, mucha gente usa la palabra dialecto para referirse a la lengua que habla un grupo de gente con menos estudios, más pobre o de una minoría, aunque en la realidad lo que hablan es una lengua. Incluso, la Real Academia Española sostiene que un dialecto no tiene la misma categoría que lengua (Real Academia Española, 2021). Igualmente, la palabra dialecto se puede entender como una lengua sin escritura (McWhorter, 2016). El uso de dialecto implica que es algo de menor categoría. Muchas lenguas indígenas o africanas son llamadas dialectos por el solo hecho de no ser europeas, cuando realmente son lenguas en todo el sentido de la palabra. Sin embargo, una gran parte de los lingüistas usan el término dialecto para diferenciar una forma de hablar diferente dentro de una lengua, sin ninguna connotación de inferioridad. Así, en español, alguien de Madrid, hablaría el dialecto de Madrid, y un peruano de Cusco, el dialecto cusqueño. Lo cierto es que no existe acuerdo entre los estudiosos de la lingüística en lo que constituye un dialecto (Haugen, 1966). En este libro diremos que un dialecto es una forma determinada de una lengua, una variedad, mientras que una lengua es el conjunto de todas estas variedades.

Además de la geografía, la variación lingüística puede estar determinada por factores sociales (Labov, 1994). Por ejemplo, hablamos de sociolectos o registros. El **sociolecto** es la forma de hablar de un grupo social. Puede haber sociolectos de acuerdo a diferentes factores sociolingüísticos como el nivel de educación, la clase social, la edad, el nivel económico, etc. Dentro de cada acento los hablantes suelen usar ciertas palabras, pronunciaciones, estructuras, entre otros rasgos, que los identifican como hablantes de un grupo social. Por ejemplo, podríamos decir que los habitantes de un barrio de la ciudad de México tienen ciertos rasgos lingüísticos que los distinguen. Quizás sea por el uso de algunas palabras, una entonación especial o que pronuncian algún sonido de manera diferente. Cualquiera que sea esta distinción lingüística, diremos que se trata de un sociolecto si el grupo se hace diferenciar por el uso de uno o varios rasgos lingüísticos en particular.

El otro término que mencionamos, el **registro**, se refiere a la forma en que hablamos dependiendo del contexto en que nos encontremos. Por ejemplo, cuando estamos con los amigos solemos tratarlos de *tú* y quizá usemos palabras demasiado familiares, incluso soeces. Sin embargo, cuando estamos en una entrevista de trabajo lo más normal es que nos dirijamos al empleador de *usted* y seguro que jamás se nos ocurriría tratar al entrevistador con palabras demasiado informales y, mucho menos, vulgares. Así que el registro es muy importante al hablar una lengua pues no queremos hablar de una manera inapropiada en el lugar equivocado. Es posible que en una sociedad algunos hablantes conozcan más registros que otros. Por ejemplo, quizá el rey de España no pueda entender la forma de hablar de un obrero de Madrid o, viceversa, que un obrero de Madrid se dirija al rey de una manera inapropiada. Es posible que una persona que de niño creció en barrios pobres y que luego cambió de estatus social sepa más registros que una persona que toda su vida ha estado en la misma clase social.

Las ramas de la lingüística que estudian la variación lingüística son la **sociolingüística** y la **dialectología**. La primera se enfoca en los aspectos sociales, como los sociolectos y los registros de los hablantes. La segunda se enfoca más en la parte geográfica, es decir, dónde se dice qué. En la actualidad es más común estudiar la sociolingüística, mientras que en el pasado se estudiaba más la dialectología. Para un estudiante de español, ambas ramas son importantes de conocer, ya que es importante conocer los aspectos sociolingüísticos, cómo y cuándo se dice algo, y dialectológicos, dónde se dice algo.

¿Cuántas variedades lingüísticas tiene el español?

Como dijimos anteriormente, en el mundo hispano hay una gran variedad de formas de hablar según la región. Dentro de cada país existen diferentes variedades de español que los lugareños, por lo general, reconocen fácilmente. Hacer un mapa de todas las variedades o dialectos del español es casi imposible, ya que cada variedad siempre convergerá con otra. Sin embargo, podríamos decir que, al menos en Hispanoamérica, existen dos grandes dialectos, que suelen definirse como los de **tierras altas** y los de **tierras bajas** (Lipski, 1994; Parodi, 2014). Se suelen llamar así porque típicamente coincide que las ciudades que están en las montañas, a gran altitud (típicamente a más de 1000 metros sobre el nivel del mar), tienen algunos rasgos lingüísticos en común. Igual pasa con las ciudades o regiones que están al nivel del mar o en las costas. Por ejemplo, los hablantes de la ciudad de México tienen en común algunas características lingüísticas, aunque quizás más fonéticas, con los de Bogotá (Colombia). Ambas ciudades están en altiplanos. Por otro lado, los hablantes de Buenos Aires tienen algunas cosas en común con los de Guayaquil (Ecuador). Ambas ciudades están a baja altitud. Obviamente, esto no significa que hablen del todo igual, pues los hablantes de estas ciudades sabrían reconocer bien esto, sobre todo porque siempre hay diferencias de todo tipo, como léxicas (palabras diferentes para llamar algunas cosas), un cantadito o entonación determinada, etc.

La división tierras altas y bajas también se puede aplicar al español de España. En este caso, no hablaríamos de la altitud para hacer referencia dialectal, ya que encontramos zonas montañosas y de tierras bajas por toda la geografía española, sino de la latitud. El español del norte de España correspondería más al de las tierras altas de América, mientras que el de Andalucía y las islas Canarias al de las tierras bajas. La explicación a esta división dialectal viene de cómo los españoles conquistaron y llegaron a América. Las tierras bajas, generalmente con acceso al mar y ríos grandes, tuvieron mucho contacto con navegantes de todas partes de España, en especial andaluces, que llegaban constantemente al nuevo mundo en sus barcos. Asimismo, los puertos del nuevo mundo fueron puntos de reunión e influjo constante de viajeros de todas partes de España. Por su parte, las ciudades de las tierras altas, por lo general, desempeñaban un papel más administrativo, con más contacto con Castilla. Igualmente, a diferencia de las ciudades en puertos o en zonas de paso, en las ciudades administrativas era más común que los viajeros se asentaran fijamente.

En cuanto a las diferencias lingüísticas entre tierras altas y bajas, esta se basa en el hecho de que en las tierras altas no se percibe mucha variación en la pronunciación de las consonantes, pero sí en las vocales. En las tierras bajas, por el contrario, los hablantes perciben más variación en las consonantes y no tanto en las vocales. Realmente, esta percepción surge principalmente de cómo se pronuncia la letra s al final de sílaba. Los hablantes de las tierras altas suelen mantener de manera muy clara la pronunciación de s final, mientras que los hablantes de las tierras bajas tienden a pronunciar esta ese como una jota (similar a una h del inglés), e incluso en algunos dialectos puede llegar a no pronunciarse en absoluto. Evidentemente, fuera de la pronunciación de ese, hay muchos rasgos lingüísticos que diferencian a una variedad de español de otra. Estas diferencias no siempre coinciden con la generalización de tierras altas y bajas. Sin embargo, la división tierras altas y bajas nos puede ayudar a predecir, en muchos casos, cómo va a ser el español de cierta región. Interesantemente, en casi todos los países hispanos encontramos esta dualidad dialectal de tierras altas y bajas. Así vemos que en Ecuador se habla muy diferente en la capital Quito (tierras altas) que en Guayaquil (tierras bajas). Lo mismo en Colombia con Bogotá (tierras altas) que en Barranquilla (tierras bajas). Como dijimos antes, la razón de por qué existe diferencia en la forma de hablar de estas regiones se debe a cuestiones históricas como el origen de los primeros españoles que llegaron a América durante la colonia. Muchos hablantes, no obstante, piensan, erróneamente, que estas diferencias lingüísticas se deben al clima o incluso a la pereza que da el calor para pronunciar ciertos sonidos. Lo cierto es que el habla de las tierras bajas suele ser más innovadora, ya que surge de la mezcla de diferentes variedades de español que convivieron durante la época colonial. La división tierras altas y bajas no siempre aplica a todas la regiones o ciudades, pero puede ayudarnos a tener una idea de cómo se habla en determinado lugar. Por este motivo la usaremos en este libro para orientarnos al hablar de los diferentes dialectos del español.

La variación lingüística

Hablamos de variación lingüística cuando dos o más formas de una palabra o un enunciado significan lo mismo. Por ejemplo, en español: *computadora / ordenador* (computer), *hubiera ido a la fiesta / hubiese ido a la fiesta*. En inglés: *apartment / flat. I am going to go / I'm going to go / I'm gonna go / Imma go.* En estos ejemplos observamos que, aunque las variantes pueden tener un uso distinto (más formal, según la región del hablante, etc.), el significado sigue siendo el mismo. No debemos confundir esto cuando las personas confunden palabras con diferente ortografía, pero con similar pronunciación, intercambiando incorrectamente una palabra por otra. Por ejemplo, en inglés, algunas personas suelen confundir al escribir la diferencia entre *there, their, they're* (*She forgot there number*). Si bien estos ejemplos parecieran un tipo de variación, veremos que las tres palabras *there, their, they're* significan cosas diferentes. Pasa esto también en español, con personas que confunden, por ejemplo, *haber* con *a ver* o *haya* con *halla*.

La variación puede estar determinada principalmente por **factores lingüísticos internos** o **extralingüísticos (o externos)**. Los factores lingüísticos internos son aquellos que están relacionados con el contexto interno de la lengua, como la fonética, la sintaxis, la morfología, etc. En estos casos una determinada forma lingüística sucede en cierto contexto lingüístico. Veremos más adelante que la letra *d* en español se puede pronunciar de dos maneras muy distintas. Por ejemplo, la letra *d* que encontramos en *tu día* y la de *al día* tienen una pronunciación distinta. Explicamos esto en el capítulo 3 al hablar de los sonidos del español.

Ejemplos de factores lingüísticos internos

- Fonéticos: en algunos dialectos del español la ese al final de sílaba se puede pronunciar como [s] o [h].
- Morfológicos: cuando la forma de una palabra varía, como sucede en las terminaciones verbales del subjuntivo imperfecto, *hubiera* y *hubiese*.
- Sintácticos: cuando se usa un orden o estructura gramatical diferente, como en las preguntas sin inversión de sujeto, *¿qué tú quieres?* y *¿qué quieres tú?*
- Léxicos: como el uso de diferentes palabras para una misma cosa, como *aguacate* en México y Centroamérica y *palta* en algunos países de Sudamérica (como Perú, Chile y Argentina).

Los factores extralingüísticos se derivan del entorno social o externo en que se da la variación, como el origen del hablante, la edad del hablante, el nivel de formalidad, el nivel de educación, el origen racial, etc. Por ejemplo, un sonido se pronuncia de determinada manera cuando lo produce alguien que vive en un ambiente rural, mientras que alguien de la ciudad lo hace de manera distinta. En el caso léxico, encontraremos mucha variedad. Algunas palabras se suelen usar en todas las regiones hispanas mientras que otras pueden llegar a variar de uno a varios lugares. Un ejemplo de mucha variación léxica es la palabra que se usa para un reductor de velocidad en una carretera (*speed bump*), que puede ser *tope* (México), *túmulo* (Guatemala, Honduras y El Salvador), *policía acostado* (Nicaragua, Cuba, República Dominicana y Venezuela), *muerto* (Costa Rica y Puerto Rico), *policía muerto* (Colombia y Panamá), *giba* (Perú), *rompemuelle* (Bolivia y Perú), *chapa muerto* (Ecuador), *lomo de toro* (Chile), *lomo de burro* (Argentina y Uruguay) o *badén* (España).

Algo muy importante a tener en cuenta cuando hablamos de variación lingüística es que esta no suele ser consistente. A veces un hablante puede hacer o no hacer un mismo fenómeno dentro de una misma oración. Por ejemplo, decir *hubiera* en un momento y segundos más tarde decir *hubiese* dentro de una misma conversación. Sin embargo, por lo general, cuando hay variación lingüística, casi siempre existen patrones o contextos lingüísticos o extralingüísticos donde más se favorece una forma sobre otra. Muchos de los fenómenos que estudiaremos de cada dialecto dependen de muchos factores, a veces predecibles y en ocasiones difíciles de predecir.

La importancia del estudio de la variación lingüística radica en que esta puede ser señal de un **cambio lingüístico** (Labov, 1994). Los cambios los puede iniciar un grupo social. Por ejemplo, puede ser que los hablantes jóvenes comiencen a usar una nueva estructura gramatical o una nueva forma de pronunciar algo y con el tiempo esa nueva forma se generalice en la lengua. Los cambios suelen ser lentos y suelen notarse después de varias generaciones. Es así como las lenguas van cambiando hasta transformarse drásticamente, como pasó con el latín, de donde se formaron las lenguas romances. Quizás los cambios más rápidos y evidentes son los léxicos, ya que constantemente estamos creando nuevas palabras, muchas veces de uso pasajero y otras veces para quedarse. Los cambios sintácticos y morfológicos suelen tardar más tiempo. La variación lingüística no siempre es señal de un cambio en la lengua. A veces suele quedarse como una manera de decir dos cosas, según el registro, el sociolecto, etc.

Las actitudes lingüísticas

Si buscamos en internet "¿dónde se habla el mejor español?" encontraremos una infinidad de comentarios y discusiones de enfurecidos cibernautas que defienden que en su país se habla el mejor español. Muchos aseguran que lo dijo la Real Academia Española, otros lo argumentan con el hecho de que en su país se pronuncian todas las letras o que su español es más entendible que el de otros países.

En cada región los hablantes suelen tener actitudes positivas o negativas hacia la forma de hablar de las personas que son de otra región. El campo de las actitudes lingüísticas ha sido ampliamente estudiado y su estudio nos puede dar una idea de cómo una lengua se está comportando en una sociedad (Montes Alcalá, 2011; Quintanilla-Aguilar, 2012; Rojas, 2012; Umaña Aguilar, 1989). Generalmente, las actitudes de un grupo social hacia una variedad revelan la percepción de estos hacia un determinado grupo de hablantes. Esta percepción está relacionada con una identidad propia, la idealización de lo que es "estándar" y los estereotipos e idiosincrasia que se tiene de uno mismo y del otro. Los hablantes de la clase alta o de una sociedad económicamente pudiente seguramente serán vistos positivamente, incluyendo su forma de hablar. Por otro lado, muchos hablantes tienen actitudes positivas cuando la pronunciación de una persona parece tener correspondencia con la ortografía oficial de la lengua o por la historia y bagaje cultural de una nación. Así, por ejemplo, algunas personas en Hispanoamérica creen que en España se habla "mejor" porque ahí se distingue la pronunciación de zeta y ese, sumado a que ahí también "nació" el español. En Colombia, por su parte, los hablantes piensan que el español del centro del país es un español "neutro". La pronunciación de la ese en el centro de Colombia suele ser muy clara, casi similar a la de España. Posiblemente esta supuesta correspondencia entre ortografía y pronunciación, aunque sea solo la de una letra, hizo que muchos académicos, y colombianos en general, estén convencidos de que ahí se habla un mejor español. Nos damos cuenta de que estas percepciones de "mejor" español están indirectamente relacionadas con asuntos de identidad y de poder social cuando observamos que hay sociedades con prestigio social que no necesariamente pronuncian según la ortografía. Por ejemplo, muchos peruanos están convencidos de que el español de Lima es neutro (y, por lo tanto, "mejor"), a pesar de que los limeños suelen pronunciar la ese como [h] en ciertos contextos. Por su parte, el dialecto de Cusco es más conservador y, en cierta medida, más parecido al de Madrid, sin embargo, no se ve como el "mejor" español de Perú. Casualmente, Cusco posee mucha población indígena, grupo social que suele estar en desventaja social en la mayoría de países hispanoamericanos. Vemos que las actitudes no siempre están relacionadas con un solo patrón y lo que se percibe como "correcto" o "mejor" en una región puede verse como lo contrario en otra zona, dependiendo más bien del prestigio de un determinado grupo. Típicamente, el habla de las grandes ciudades tiene mucho prestigio dentro de cada país, por ejemplo, la de Lima en Perú, la de Caracas en Venezuela, etc. Así que la idea de "mejor español" es subjetiva, sustentada solo por mitos (como la supuesta correspondencia ortográfica) o apreciaciones personales de una comunidad.

Desde un punto de vista objetivo, la idea del mejor o peor español no tiene ningún fundamento científico, pues en cada región encontraremos diferencias en la forma de decir las cosas. Tanto Colombia o España como Perú tienen un español con características propias que los hacen distinguibles. De hecho, podríamos decir que no hay ninguna región del mundo hispano donde no se haga algo lingüísticamente distintivo. Una variedad va a entenderse mejor por los hablantes de otra región si posee características lingüísticas en común. Así, para alguien de Buenos Aires es quizá más fácil entender a alguien de Montevideo, Uruguay; y lo mismo para alguien de San José, Costa Rica, a alguien de Bogotá, Colombia, dadas las similitudes entre sus respectivos dialectos.

Algo que seguramente ayuda a la creación de estos mitos sobre la lengua es el hecho de que la mayoría de hablantes del español desconocen sus propios rasgos lingüísticos. Saben reconocer algunas de las cosas que son diferentes en otras regiones, pero no son conscientes de lo que ellos hacen. Para entender la ironía de esto, en una entrevista se le preguntó a una mujer de Buenos Aires si en su ciudad la letra ese se pronunciaba con aspiración (con el sonido [h] en vez de [s]) y esta respondió que "la aspiración solo la hacía la gente sin educación o que vive en zonas rurales, pero que donde ella vive nunca se hace". Fue gracioso que cuando respondió lo anterior, ella pronunció "aspiración" como [ahpirasion], con lo cual estaba describiéndose a ella misma sin saberlo.

Es común que los hablantes de una región digan "yo no hablo con acento", "en mi país hablamos neutro", "en ese país hablan muy mal", "en ese país no saben conjugar los verbos", "en esa región hablan chistoso", "eso solo lo dice la gente sin educación", etc. Lo cierto es que todos los hablantes del español tienen un acento, todos tienen un cantadito y todos hacen cosas que en otra región posiblemente se consideran incorrectas o no estándares. Así que nadie habla un español que sea mejor o peor. De hecho, es importante señalar que el trabajo de los lingüistas es describir la lengua y su cambio. Los estudios de sociolingüística, por ejemplo, se encargan de investigar las razones de por qué suceden ciertos fenómenos, tanto los motivos sociales como internos de la lengua. En el pasado, sin embargo, los lingüistas eran prescriptivos y no les importaba el cambio lingüístico y por qué se decían las cosas de manera diferente en cada lugar, sino la pureza de la lengua y el mantenimiento de esta como su forma clásica. A nivel popular, muchas personas, incluyendo académicas, todavía tienen esta idea de que la lengua debe ser pura, sin cambios. Inclusive, no es raro escuchar a profesores de español como lengua extranjera tener preconceptos sobre lo que es el español "correcto".

Otra cosa que suele verse como "mal" entre muchos hablantes es el uso de palabras extranjeras, como los **anglicismos** (palabras tomadas del inglés). Los anglicismos son comunes en todas partes del mundo hispano. Muchas personas en España piensan que en Hispanoamérica se usan muchos anglicismos. Mientras que muchos hispanoamericanos creen que son los puertorriqueños y los mexicanos los que más usan palabras del inglés. La verdad es que la influencia del inglés la encontramos en cualquier variedad del español (y en casi todos los idiomas). En España escucharemos con mucha frecuencia palabras como *América (Estados Unidos), parking (estacionamiento), footing (correr, trotar), wáter (inodoro, servicio), stop (alto), bacon (tocino), spiderman (hombre araña), zapping (pasar los canales de tv con el control remoto), bowl* (escrito *bol, tazón), puzle (rompecabezas), zoo (zoológico), tráiler (avance de una película), raíl (riel),* etc. Mientras que en algunas partes de Hispanoamérica se puede escuchar *car wash (autolavado, tren de lavado, etc.), parquear (estacionar, aparcar), iceberg (pronunciado como en inglés), CD y DVD* (con la pronunciación del inglés "dividí"), etc. Típicamente, las palabras del inglés preferidas en cada región no coinciden en todos los países, así que cuando un español escucha a un hispanoamericano decir "compré un dividí de la nueva película" le puede parecer que se abusa mucho del inglés. Sin embargo, lo mismo sucede para un hispanoamericano que va a España y ve la palabra *stop* en vez de *alto* o *pare* en las señales de tránsito. Si bien podría haber regiones donde haya estadísticamente un mayor uso de anglicismos que en otras, la verdad es que los anglicismos son comunes en todas las partes del mundo hispano y posiblemente nadie esté libre de esta influencia.

En cuanto al concepto de "español estándar", ¿Existe? Pues sí y no. Aunque realmente no hay un español estándar, pues la lengua española está dividida en infinidad de variedades lingüísticas, en la mente de los hablantes sí existe una idea, muy subjetiva y no clara, de lo que es "estándar". Dada la cantidad de dialectos que hay, y el poco acceso a cada uno de ellos por parte de todos los hablantes del español, el español estándar no es más que aquel español que goza de prestigio dentro de una región o país. Así que diremos que hay varios españoles estándares, cada uno para un país o región. Para un peruano, por ejemplo, seguramente la idea de español estándar es el del español de Lima, pues es el que se escucha mayormente en los medios de comunicación, y corresponde al que se habla en la ciudad más importante del país, donde se concentra el poder económico y cultural nacional. Generalmente, el español que se habla en las ciudades importantes de cada país, como sus capitales, suele tener prestigio lingüístico, aunque no siempre es así (en España, no suele ser Madrid el dialecto más prestigioso de todo el país, sino el de Salamanca, Ávila, Valladolid o Castilla, según a quien le preguntemos).

En conclusión, los aspectos que hacen que una variedad lingüística logre mayor aceptación o prestigio entre sus hablantes tiene que ver con la percepción positiva que se tiene sobre dichos hablantes o región. Ayudan a este prestigio, la relación entre la pronunciación y la ortografía (cuando se piensa que se pronuncian las letras "correctamente") y el tipo de hablantes que lo hablan, como su nivel económico y, a veces, la historia o el bagaje cultural de la región (como escritores de renombre). El español "estándar" no es más que la idealización que tiene cada sociedad de español "correcto". Este español es el que escucharemos en los medios de comunicación de cada país o región y puede variar en cada lugar (el estándar de Perú va a ser diferente al estándar de España).

Ejercicio 1. Explica los siguientes conceptos. Da ejemplos.

- Lengua
- Idioma
- Lenguaje
- Dialecto / Variedad
- Sociolecto
- Registro
- Acento
- Cantadito
- Sociolingüística
- Dialectología

Ejercicio 2. ¿Lengua, lenguaje, idioma, dialecto / variedad, registro?

- El sistema de comunicación oral y escrito de las personas de Haití en comparación con el de Francia.
- La forma de hablar de la gente de Sídney, Australia en comparación con la de Nueva York, EE. UU.
- El sistema de comunicación oral de las personas de Jamaica en comparación con el de Inglaterra.
- Cómo hablamos cuando visitamos al doctor.
- Cómo se comunican las aves.
- Cuando usamos gestos para expresarnos.
- La forma de hablar de la gente de La Habana en comparación con la de Madrid.
- El código Morse.
- El sistema de comunicación oral y escrito de las personas de Brasil en comparación de las de Portugal.
- Cuando usamos *usted* en vez de *tú*.

Ejercicio 3. ¿Tierras altas o bajas? Predice si la pronunciación de *s* final de sílaba será clara o como *j*.

Ciudad	Altitud (metros sobre el nivel del mar)
• Asunción, Paraguay	_____43
• Barranquilla, Colombia	_____18
• Caracas, Venezuela	_____900
• Cusco, Perú	_____3400
• Guatemala, Guatemala	_____1500
• La Habana, Cuba	_____59
• La Paz, Bolivia	_____3625
• Lima, Perú	_____154
• Managua, Nicaragua	_____83
• Ciudad de México, México	_____2250
• Montevideo, Uruguay	_____43
• San José, Costa Rica	_____1300
• San Juan, Puerto Rico	_____20
• San Salvador, El Salvador	_____670
• Santa Cruz, Bolivia	_____416
• Santiago, Chile	_____567
• Santo Domingo, República D.	_____14
• Tegucigalpa, Honduras	_____990
• Veracruz, México	_____10

Ejercicio 4. Piensa en un ejemplo de variación, en español o inglés, de los siguientes tipos:

- Fonética
- Morfológica
- Sintáctica
- Léxica

Después de encontrar los ejemplos, responde las siguientes preguntas sobre cada uno de los ejemplos:

1. ¿Cuál de las 2 palabras piensas que se usa más?
2. ¿Quiénes usan más esas palabras? ¿Crees que la frecuencia de su uso depende de algún factor extralingüístico como el género, la edad, el nivel económico, etc. del hablante?
3. ¿Piensas que hay algún factor lingüístico que ayude al uso de una forma sobre la otra?

Ejercicio 5. Responde las siguientes preguntas.

1. ¿Sabes distinguir cuando una persona nativa del inglés no es de tu ciudad? ¿Cómo lo sabes?
2. ¿De qué partes del mundo anglosajón es más fácil distinguir el acento? ¿Por qué? ¿Cómo lo notas?
3. ¿Conoces algunos acentos del español? ¿Cuáles? ¿Podrías mencionar algo característico de ellos?
4. ¿Qué dialectos del inglés se consideran "mejores" y "peores"?

Ejercicio 6. Responde las siguientes preguntas según la lectura.

1. Según algunos hablantes hispanos, ¿dónde se habla el "mejor español" y el "español neutro"?
2. ¿En qué se basan muchos hablantes para pensar que un español es mejor o neutro?
3. ¿Hay un español neutro o mejor? ¿Por qué sí? ¿Por qué no?
4. ¿Qué es la aspiración de [s]?
5. ¿Por qué es posible que alguien que hace la aspiración de [s] critique a otro que la hace?
6. ¿Es posible no tener acento?
7. ¿En qué dialectos se usan más anglicismos?

Recursos adicionales

- Te recomendamos los videos BBC News Mundo *¡¿Acento neutro en español?! ¿Existe? ¿Y qué país en América Latina lo tiene?* en https://www.youtube.com/watch?v=MCmqUp2XTPY y Pero Like *When Latino Parents Teach Their Kids Spanish*, disponible en https://www.facebook.com/perolike/videos/1104785652942158

- Te recomendamos los reportajes periodísticos de BBC News Mundo (2019, 14 de julio) *¿Se dice español o castellano?* https://www.bbc.com/mundo/ noticias-48966488, BBC News (2019, 25 de noviembre) *Spanish accents spoken in the United States* https://www.bbc.com/news/av/world-us-canada-50550015/spanish-accents-spoken-in-the-united-states, El País (2020, 10 de febrero) *¿Canta en castellano o en español? El debate lingüístico surgido en los Oscar* https://verne.elpais.com/verne/2020/02/10/mexico/1581303700_899720.html y El País (2020, 1 de febrero) *Guerra en el subjuntivo: tuviera está aplastando a tuviese* en https://verne.elpais.com/verne/2020/01/31/articulo/1580467690_428021.html

Referencias

Haugen, E. (1966). Dialect, Language, Nation. *American Anthropologist,* 68(4), 922–935.

Labov, W. (1994). *Principles of Linguistic Change.* Blackwell Publishers.

Lipski, J. (1994). *Latin American Spanish.* Longman Pub Group.

McWhorter, J. (2016, 19 de enero). *What's in a Language, Anyway? The realities of speech are much more complicated than the words used to describe it* [2021, 5 de mayo]. https://www.theatlantic.com/international/archive/2016/01/difference-between-language-dialect/424704

Montes Alcalá, C. (2011). ¿Mejor o peor español? Actitudes lingüísticas de universitarios hispanohablantes en Estados Unidos. *Studies in Hispanic and Lusophone Linguistics,* 4(1), 35–54.

Parodi, C. (2014). El español de tierras altas y tierras bajas: sus reflejos en el español de Los Ángeles. En A. Enrique Arias, M. Gutiérrez, A. Landa, & F. Ocampo (Eds.), *Perspectives in the Study of Spanish Language Variation* (pp. 341–372). Universidade de Santiago de Compostela. http://dx.doi.org/10.15304/va.2011.701

Quintanilla-Aguilar, J. R. A. (2012). Esbozo de un estudio de actitudes lingüísticas en El Salvador. *Revista Española de Lingüística,* 1(42), 175–198.

Real Academia Española, (2021, 6 de abril). [2019] (https://www.rae.es).

Rojas, D. (2012). Actitudes lingüísticas de hispanohablantes de Santiago de Chile: Creencias sobre la corrección idiomática. *Onomázein,* 26(2), 69–93.

Umaña Aguilar, J. (1989). La relación entre actitudes lingüísticas, conducta e identidad. *Filología lingüística,* 15(2), 121–129.

CAPÍTULO 3

Principales sonidos del español

A continuación, haremos un resumen de los principales sonidos del español. Las descripciones que acá damos corresponden a cómo suceden estos sonidos en el español en general. Como lo veremos en el transcurso de este curso, cada variedad del español puede poseer algunas discrepancias con esta generalización, incluso contener sonidos nuevos que, por el momento, no presentamos aquí. Para diferenciar los sonidos de las letras, estos están representados entre corchetes []. Aclaramos que algunos de estos sonidos pueden ser fonemas o alófonos. Los fonemas son sonidos distintivos para la mayoría de hablantes nativos. Por ejemplo, cualquier hablante hispanohablante no tiene duda de que [l] y [r] son dos sonidos totalmente diferentes, ya que, al intercambiar estos sonidos en palabras como *loma* y *Roma*, el significado de ambas palabras cambia. Los alófonos, por su parte, son sonidos distintivos desde el punto de vista lingüístico, pero no siempre esto es así para los hablantes nativos. Sucede así con el sonido [z] (como la z en inglés de *zoo*), que la mayoría de los hispanohablantes no suele distinguir de *s*, a pesar de que ambos sonidos existen en español (por ejemplo, en la *s* de *desde* se suele pronunciar con [z]). Esto se explica con el hecho de que en español [z] es un alófono y los hablantes lo asocian con [s]. En inglés [z] es un fonema y los hablantes de esta lengua están conscientes de que es un sonido distintivo (*sap* y *zap* no son lo mismo en inglés). Los fonemas y los alófonos suelen variar de lengua en lengua. En este libro, para simplificar los sonidos del español usaremos corchetes [], que son los símbolos que se usan, por convención, para representar los alófonos (para representar los fonemas se usan las barras / /). Para mayor información sobre los sonidos del español, recomendamos Hualde (2014) y Schwegler et al. (2018).

[b] **Be oclusivo bilabial sonoro.** Puede estar escrito como *b* o *v*, como en *bota, vino*. Se pronuncia similar a la [b] del inglés en *bee*. El sonido [b] sucede solo al inicio de un grupo fónico (cuando se comienza a decir algo, independientemente de si la oración es completa o no, es decir, después de pausa) o de un sonido nasal [m], [n], sin importar si estos sonidos están dentro de la misma palabra o en la anterior. Ejemplos: *vaca, en vacaciones, banco*. Nótese que los nombres oficiales de *b* y *v* en español son be y uve, respectivamente. Sin embargo, es común llamar a *b* "be grande" o "be larga" y a *v* como "ve pequeña" o "ve chica".

[β] **Be aproximante bilabial sonoro.** Es un sonido aproximante, con características similares a [b] (bilabial y sonoro) pero sin llegar a la oclusión o cierre completo de los labios. Este sonido no existe en inglés. Puede estar escrito como *b* o *v*, como en *la bota, el vino*. Sucede en las posiciones en que [b] no se da (por lo tanto, es más frecuente que [b]). Ejemplos: *la vaca, la bota, los burros, las vacaciones*. Observemos que en "la vaca", la letra *v* va precedida de la vocal *a*, por lo tanto, se pronuncia como [β]. En el caso de que el hablante hiciera una pausa entre "la" y "vaca", la pronunciación cambiaría de [β] a [b] (ver la regla de uso de [b]). [b] y [β] son alófonos, por ello, la mayoría de hablantes del español no están conscientes de su existencia y diferencia.

[p] **Pe oclusivo bilabial sordo.** Como en *papá, pepe*. Parecido a la [p] del inglés en la palabra *spot*. No es la misma [p] de *pain*. A diferencia del inglés, en español [p] posee muy poca aspiración.

[t] **Te oclusivo dental sordo.** Como en *tío, tetera*. Similar a la [t] del inglés en *star*. No es la misma [t] de *time*. En español [t] es dental y en inglés es alveolar. Asimismo, [t] en español tiene poca aspiración.

[d] **De oclusivo dental sonoro.** Como en *don, día*. En español [d] se pronuncia con la lengua tocando los dientes (en inglés se tocan los alveolos). Sucede solo al inicio de grupo fónico (después de pausa), de un sonido nasal [m], [n] y del sonido lateral [l] (independientemente de si estos sonidos están dentro de la misma palabra o en la anterior). Ejemplos: *dentista, dónde, sin dinero, sal de aquí*.

[ð] **De aproximante dental sonoro.** Se escribe *d*. Sucede en las posiciones donde [d] no se da. Es similar al sonido de *th* en inglés en las siguientes palabras: *though, that, the, then, those* (no hay que confundirlo con *th* en *thin, through, bathroom* que corresponden a un sonido diferente). Es más frecuente que [d]. Ejemplos: *la ducha, eres distinto, dedo*. [d] y [ð] son alófonos, por lo tanto, la mayoría de hablantes del español no están conscientes de su existencia y diferencia.

[k] **Ka oclusivo velar sordo.** Como en *casa, queso.* [k] en español se pronuncia con muy poca aspiración de aire (a diferencia del inglés).

[g] **Ge oclusivo velar sonoro.** Como en *gato, guitarra.* Similar a la *g* del inglés en *game.* Sucede solo al inicio de un grupo fónico o después de nasal [m], [n] (independientemente de si estos sonidos están dentro de la misma palabra o en la anterior). Ejemplos: *gorro, angustia, en Guatemala.*

[ɣ] **Ge aproximante velar sonoro.** Es similar a [g] pero no hay oclusión en el velo, sino más bien una leve fricción. Sucede en las posiciones donde [g] no se da. Similar a la *g* del inglés en *sugar.* Ejemplos: *la gorra, los gatos.*

[tʃ] **Che africado postpalatal sordo.** Como en *chico.* Similar a *ch* del inglés como en *chain.*

[ʝ] **Yod fricativo palatal sonoro.** Solo sucede al inicio de sílaba. Como en *yo, caballo.* En ortografía se escribe con *ll/y.* Nótese que *ll* en español se suele llamar elle, doble ele o ele doble, mientras que el nombre oficial de *y* es ye, aunque también se le suele conocer como *y griega.* Las palabras que inician con hi + vocal suelen pronunciarse con [ʝ]: hielo = [ʝelo]. Al final de sílaba se suele usar la semivocal [i̯] (ver más abajo la sección de vocales). En fonética se suele llamar yod. Es relativamente similar a la *j* del inglés en *James* pero la lengua no llega a tocar el paladar. Muchos hablantes del inglés lo confunden con la *y* del inglés.

[f] **Efe fricativo labiodental sordo.** Como en *foto.* Similar a la [f] del inglés en *fake.*

[s] **Ese fricativo alveolar sordo.** Como en *sopa, zoológico.* Similar a la [s] en *same* del inglés. No hay que confundirlo con la pronunciación en inglés de *s* y *z* sonoros, como en *nose* y *zoo,* que suenan en inglés como [z]. [s] en español estándar no se pronuncia como [z] antes de una vocal: *zoológico* = [solóxiko] y no *[zoloxiko].

[z] **Ese fricativo alveolar sonoro.** Similar a la *z* del inglés en *zoo.* Este sonido se encuentra en variación con [s] y su uso puede depender del hablante o región. Sucede cuando [s] (*s* o *z* en ortografía) está antes de un sonido sonoro, es decir, [b], [β], [d], [ð], [g], [ɣ], [m], [n], [ɲ], [l]. Por ejemplo: *mismo* [mizmo], *diez más* [diez-mas]. Nunca sucede antes de una vocal, al menos no en español "estándar": *presidente* = [pɾesiðente] (y no *[pɾeziðente]).

[x] **Jota fricativo velar sordo.** Es un sonido velar que corresponde a la letra jota. También sucede en la combinación de sílabas *ge, gi.* Como en *gente, jueves, reloj.* Se pronuncia haciendo una fricción de aire en el velo, similar a la *h* del inglés pero la fricción se da más arriba, sobre el velo. La mayoría de hablantes del inglés pronuncian [x] con [h], por influencia del inglés, lo que puede llegar a confundir a los hablantes del español donde solo se usa [x]. *Juan* pronunciado [hu̯an] en vez

de [xu̯an] puede sonar como el número *one* del inglés. Veremos más adelante que hay dialectos del español donde esta pronunciación sí es posible. [x] no existe en el inglés de EE. UU.

[m] Eme nasal bilabial sonoro. Como en *moto*. Similar a la [m] del inglés en *mate*.

[n] Ene nasal alveolar sonoro. Como en *nuca*. Similar a la [n] del inglés en *name*. El sonido de [n] cuando está al final de una sílaba (como en *enviar*) y de palabra seguido de otra consonante (como en *corazón vivo*) suele adoptar los rasgos del sonido que le sigue (asimilación). Algunas variantes de [n] al final de sílaba y de palabra son: **[n̪] ene dental** (antes de un sonido dental [t], [d]. Ejemplo: *sin té* [sin̪ te]), **[ŋ] ene velar** (antes de un sonido velar [g], [k], [x]. Ejemplos: *un gato, un carro, un juez, singular*), **[m] ene bilabial o eme** (antes de un sonido bilabial [b], [p]. Ejemplos: *un banco, envidia, un político*), **[ɱ] ene labiodental** (antes de un sonido labiodental [f]. Ejemplos: *énfasis, sin familia*).

[ɲ] Eñe nasal palatal sonoro. Se escribe *ñ*, como en *niño*. No existe en inglés.

[l] Ele lateral alveolar sonoro. Como en *loco, sal*. Similar a la [l] del inglés en *lake, believe*. [l] en español nunca se pronuncia como velar como la [l] al final de palabra común en muchos dialectos del inglés, como en *ball*.

[r] Erre múltiple vibrante alveolar sonoro. Se llama erre múltiple en fonética y erre o doble erre en ortografía cuando se escribe *rr*. Como en *rama, carro*. No existe en el inglés de EE. UU. Sucede al inicio de sílaba. Alterna con [ɾ], o erre simple (ver descripción de [ɾ]), al final de sílaba, excepto si hay una vocal (donde solo sucede [ɾ]). Nunca sucede después de consonante dentro de una misma palabra, excepto si es *n, l, s*. Al inicio de palabra siempre se escribe *r* (*remo, rosa*) y entre palabras siempre se escribe *rr* (*carro, barro*), excepto si antes hay *n, l* o *s* (enredo, alrevesado, Israel).

[ɾ] Erre simple alveolar sonoro. Se llama erre simple en fonética y simplemente erre en ortografía. Como en *caro, trabajar*. Nunca sucede al inicio de palabra. Es similar a *tt* en inglés en la palabra *better* o a *dd* en la palabra *buddy*. Si se pronuncia rápidamente el trabalenguas *Betty Botter bought a bit of better butter* se puede escuchar claramente el sonido de [ɾ]. Si se pronuncia muy lentamente, haciendo pausas entre las palabras, se escucha [t]. Nótese que para un hispanohablante la oración anterior sonaría como *beri bora birof berer borer* si se pronuncia rápidamente, ya que las *t* y *d* del inglés en esta posición suenan como erre simple en español, es decir, el sonido [ɾ].

[w] Doble ve aproximante labiovelar sonoro. También conocida como *wau* en fonética. Sucede en palabras como *huevo*. Es una semiconsonante, similar a la *w* del inglés. Sucede solo al inicio de sílaba. En el habla informal suele pronunciarse como [gu̯]: hueco = [gu̯eko].

Vocales

[a] Como en *casa*, parecida a la [a] de *Chicago* pronunciada como lo hacen en inglés las personas de Chicago. La boca suele estar más abierta en español que en inglés.

[e] Como en *bebé*. Como la [e] en *bet* pero en español la boca está menos abierta.

[i] Como en *viví*. En español es muy breve y tiene un final abrupto. No se pronuncia con un diptongo como en inglés *tee*.

[o] Como en *coco*. Es más breve en español. Los labios están más redondeados. Tampoco lleva diptongo como en inglés.

[u] Como en *gurú*. En español es muy breve y tiene un final abrupto. Los labios también están más redondeados. No se pronuncia con un diptongo como en inglés *sue*.

: Usaremos los dos puntos para señalar el alargamiento de una vocal: aaa = a:

Semivocales

Las semivocales son sonidos vocálicos débiles, que acompañan siempre a una vocal, formando un diptongo o triptongo. En la palabra *hay*, el sonido de *y* corresponde a la semivocal [i̯], que acompaña a la vocal [a]. Si pronunciáramos [ui] en vez de [ai̯], estaríamos diciendo *ahí* en vez de *hay* o *ay*.

[i̯]   Como en *hay*, *piano*.
[u̯]   Como en *jaula*, *cuando*.

Importante sobre las vocales en español

- Siempre se pronuncian de la misma forma, independientemente de la posición. Por ejemplo, las dos [o] que aparecen en la palabra *loco* son pronunciadas de la misma forma en ambas sílabas: [lo.ko]. En inglés, una vocal puede tener diferentes pronunciaciones, dependiendo de su posición o palabra. Por ejemplo, si pronunciamos la *o* en *got*, *too*, *about*, *go*, *now*, *boy*, etc. notaremos que no siempre corresponde al mismo sonido. Esto no suele ser así en español, donde *o* debe ser siempre [o].

- Existe en inglés un sonido vocálico llamado *schwa*, bastante frecuente en sílabas inacentuadas. Lo encontramos en palabras como *ago*, *banana*. Se transcribe como [ə]. El *schwa* no existe en español y se debe tener cuidado de no hacerlo ya que para los hablantes de español puede sonar como una [e] u [o].

Ejercicio 1. Pon atención a las reglas de cuándo se usan los siguientes sonidos: [b, d, g, β, ð, γ] y determina cuál usaríamos en los ejemplos señalados con letras en negrita.

- Podría dormir boca arriba o boca abajo. _____ _____ _____ _____ _____
- Duerme lo que puedas para madrugar. _____ _____ _____ _____
- Nada del otro mundo. _____ _____ _____
- No se vale disimular. _____ _____
- Bebe un vaso de vino blanco. _____ _____ _____ _____ _____
- Sal de día y no de noche. _____ _____ _____
- Me duele el dedo gordo. _____ _____ _____ _____ _____
- Me da cosa no ser detallista. _____ _____
- Escribe diez veces bolígrafo. _____ _____ _____ _____ _____
- Dizque Don David está bien desvelado. _____ _____ _____ _____ _____
_____ _____ _____

Ejercicio 2. Escribe dos palabras que contengan los siguientes sonidos.

[tʃ] _____ _____

[ɟ] _____ _____

[x] _____ _____

[ɲ] _____ _____

[r] _____ _____

[ɾ] _____ _____

[g] _____ _____

[γ] _____ _____

[b] _____ _____

[β] _____ _____

[d] _____ _____

[ð] _____ _____

Ejercicio 3. ¿Qué palabras representan las siguientes transcripciones fonéticas?

- [otʃo] _____
- [ajá] _____
- [xente] _____

- [niɲo]   _____
- [oɾo]   _____
- [aɣo]   _____
- [iβa]   _____
- [laðo]   _____
- [ʝamo]   _____
- [axo]   _____
- [peɾo]   _____
- [estaβa]   _____
- [deðo]   _____
- [pero]   _____
- [embiaɾ]   _____
- [lexos]   _____
- [raɾo]   _____
- [floɾiða]   _____
- [aɲoɾaɾ]   _____
- [boβo]   _____

Ejercicio 4. ¿Es posible usar el sonido [z] en las letras marcadas en negrita? Repasa la regla de [z] en el resumen de los sonidos del español.

- El pre**s**ente.   _____
- La mú**s**ica.   _____
- ¿En qué **z**ona?   _____
- Lo**s** de**s**iertos.   _____
- Mi**s** amigos.   _____
- Lo**s** do**s** chicos.   _____
- De**s**de ayer.   _____
- **Z**apatos de cuero.   _____
- Una ve**z** más.   _____
- Tu**s** hermanos.   _____
- Rayo**s** láser.   _____
- Un cló**s**et.

Ejercicio 5. Identifica las semivocales en las siguientes palabras. Recuerda que estas se encuentran en los diptongos y triptongos. Utiliza los símbolos correspondientes [i̯] o [u̯].

- Ciudad
- Europa
- Laico
- Laura
- Mariano
- Pie
- Pionero
- Rey
- Soy
- Suave

Ejercicio 6. Identifica el sonido *schwa* en las siguientes palabras del inglés. Utiliza el símbolo [ə].

- Banana
- Cinema
- Bacon
- Curious
- Police

Recursos adicionales

- La Universidad de Iowa tiene un sitio web con audios y ejemplos de los sonidos del español. Échale un vistazo si quieres oír y saber más de los sonidos del español. Disponible en https://soundsofspeech.uiowa.edu/spanish

Referencias

Hualde, J. (2014). *Los sonidos del español*. Cambridge University Press.

Schwegler, A., Kempff, J., & Ameal-Guerra, A. (2018). *Fonética y fonología españolas*. Wiley.

CAPÍTULO 4

Principales variedades lingüísticas de España

El español de España no es uniforme como muchas personas podrían pensar. Dentro del territorio español nos encontraremos con una diversidad de variedades lingüísticas. Sin embargo, si quisiéramos generalizar, podríamos decir que hay dos variedades de español peninsular que son muy distintas. La más conocida es la del español castellano, hablado en las dos Castillas (Castilla La Mancha y Castilla y León) y las regiones al norte y oriente de estas comunidades (Galicia, País Vasco, Valencia, Cataluña, etc.). Hay que aclarar que, en muchas regiones del mundo hispano, principalmente en el norte de España y Sudamérica, se usa el término **castellano** para referirse a la lengua española en general (BBC News Mundo, 2019). No obstante, cuando hablemos del habla castellana en este libro, nos referiremos a la variedad lingüística del norte de España.

La segunda variedad lingüística, que es muy distintiva en la Península Ibérica, es la andaluza. Cuando decimos que es muy distintiva queremos decir que es un acento fácilmente reconocible por la mayoría de los habitantes de España. A nivel nacional, el español castellano, o del norte, suele ser la norma. Las variedades regionales suelen estar estigmatizadas, en mayor o menor medida, especialmente la andaluza. Se ha llegado, incluso, a hablar de andalufobia (Jurado, 2020). Esto se puede ver claramente en la película más taquillera del cine español "Ocho apellidos vascos", en donde se parodian los estereotipos de la cultura andaluza y vasca, incluyendo sus rasgos lingüísticos. A pesar del poco prestigio del andaluz a nivel nacional, no se puede negar la importancia de esta variedad y su influencia dentro de todo el territorio nacional. Muchas de las grandes personalidades de España, ya sean poetas, cantantes, actores, etc., han sido andaluzas: Federico García Lorca, Lola Flores, Isabel Pantoja, Luis de Góngora y Argote, Antonio Banderas, etc.

Por cuestiones de espacio, en este capítulo solo estudiaremos los rasgos generales del español castellano y del andaluz. Otras variedades lingüísticas de España incluyen la zona de Cataluña, las Islas Canarias, Galicia, Zaragoza, entre otras. Extremadura y Murcia son variedades lingüísticas de transición, donde encontraremos rasgos del español castellano y andaluz. Variedades como la Andaluza también pueden subdividirse en muchos más dialectos. Para más información específica de los dialectos de España o del español peninsular en general, ver Fernández-Ordóñez (2016), González-Lloret (2008), Lara Bermejo (2018), Lipski (1994), Moreno-Fernández (2014), Regan (2020), Vida Castro (2016).

Ficha sobre España

Nombre oficial: Reino de España
Población: 49 331 076 (2018)
Presidente del gobierno: Pedro Sánchez (2020)
Rey: Felipe VI
Moneda: Euro
Capital: Madrid
Ciudades principales: Barcelona, Valencia, Sevilla, Zaragoza, Málaga
División territorial: Comunidades Autónomas
Personajes famosos: Alejandro Sanz, Isabel Pantoja, Mecano, Penélope Cruz, Pedro Almodóvar, Rafael Nadal, Pau Gasol, Antonio Banderas, Miguel Bosé, Mortadelo y Filemón
Comida típica: Tortilla de patatas, paella, jamón serrano, gazpacho, cocido, churros, turrón, roscón de reyes

El español castellano: principales rasgos fonéticos

- Distinción *s/z*, *se/ce*, *si/ci*. Consiste en pronunciar la letra *s* con [s] y la letra *z* con el sonido fricativo interdental sordo [θ] (sonido similar a *th* en inglés en palabras como *bathroom, thin, theta*). Es importante recalcar que también se pronuncian con [θ] las combinaciones *ce* y *ci*. Para muchas personas que no son de España, tanto de Hispanoamérica como los que aprenden español, este es el rasgo fonético más representativo del habla española, a pesar de que es más propio del habla del norte. Igualmente, hay que notar que muchas personas que no son de España confunden el término **ceceo** con la distinción *s/z*. El ceceo es un fenómeno diferente a la distinción *s/z*. Incluso entre los estudiantes de español en Estados Unidos existe el mito de que los españoles tienen un *lisp* (un problema de habla) con la zeta. En ese aspecto, aclaramos que el origen del sonido interdental es producto de un cambio lingüístico, donde ciertos sonidos del latín y luego del español medieval, como [ts] y [dz], se transformaron en [θ]. El ceceo, que consiste en pronunciar *s* y *z* como [θ], además, no se da en el norte de España, sino solo en algunas partes de Andalucía (hablaremos de esto más abajo, en la sección de Andalucía). Este no es un fenómeno en variación, así que los hablantes de estas regiones siempre hacen esta diferenciación entre *s* y *z*. Algunos ejemplos de distinción s/z: *Casa* [kasa], lugar donde vivimos, y *caza* [kaθa], del verbo *cazar*. *Meses* [meses] del año y *meces* [meθes] del verbo *mecer*. *Asia* [asi̯a], el continente, y *hacia* [aθi̯a], la preposición. En el caso de *cervezas* [θerβeθas] notemos que *c* y *z* se pronuncian con [θ] y *s* con [s].

- J, ge, gi se pronuncian con un **sonido fricativo uvular sordo [X]**, en **variación** a veces con el velar [x]. Este sonido es similar a [h] del inglés, pero se hace con muchísima fricción (sonando más fuerte que [x]). *Mujer, gente, México*.
- [s] es ápicoalveolar [ș]. Se suele encontrar en **variación** con [s] alveolar. La [ș] ápicoalveolar es una [s] con un sonido silbante, parecido, aunque para nada igual, al sonido de *sh* en inglés. Quizá este sea para la mayoría de hispanoamericanos el sonido más representativo del español de España, aunque en realidad solo sea usado en el español castellano. Tan es así que algunos hispanoamericanos imitan a los españoles usando *sh* al final de sílaba. Por ejemplo, imitarían a un español diciendo "Eresh de Eshpaña". Aclaramos que no es el mismo sonido de *sh* pero la parte silbante hace que algunos hablantes de América lo exageren de esta manera. Dado que [ș] se encuentra en variación con [s] alveolar, muchos españoles del norte no están conscientes de su existencia y difícilmente reconocen la diferencia entre uno y otro. Ejemplos: *Eres, sabes, son*.
- [ł] velar. Solo en Cataluña. Dentro de España, este es posiblemente el rasgo fonético más representativo del español de Cataluña. La [ł] velar es similar a la ele del inglés en la palabra *ball*. Dependiendo de la región, la ele velar puede suceder en cualquier posición de la sílaba (especialmente en el español de la región oriental de Cataluña) o solo al final (Recasens, D. & Espinosa, 2005).

Algunos rasgos fonéticos informales del español castellano

Los siguientes fenómenos lingüísticos son más frecuentes en el habla más relajada, aunque su uso puede variar en cada hablante. Asimismo, dado su uso informal, suelen estar en variación con las formas cultas.

- Elisión de [ð] en las terminaciones en -ado, especialmente en los participios pasados. Ejemplos: *Cansado* = [kansao], *pescado* = [peskao].
- Uso de [θ] en vez de [ð] al final de palabra. Ejemplos: *Usted* = [usteθ], Madrid = [maðriθ].
- Pronunciación del sonido [ks] como [s] cuando se escribe con *x*. Ejemplos: *Taxi* = [tasi], *examen* = [esamen].
- A veces [tʃ] se realiza de manera más apical, como [tʂ] (en alternancia con [tʃ]). Ejemplos: *Chico* = [tʂiko], *Chile* = [tʂile].

Principales rasgos morfosintácticos del español castellano

- Uso de *vosotros* para la segunda persona familiar del plural. El uso de *vosotros* está muy extendido en el español castellano, incluso en situaciones en las que en el pasado o en otras variedades hispanohablantes se usaría *ustedes* para indicar más formalidad. Es decir que el uso de *ustedes* se escucha muy poco. Nótese que el uso de *vosotros* requiere de conjugaciones verbales diferentes a *ustedes* y del uso de los pronombres *os* y *vuestro*: *Os dije que vinierais con vuestras cosas.*
- Los españoles tienden a usar más los pronombres de segunda persona de familiaridad, *tú* y *vosotros*, en vez de *usted* y *ustedes*. El uso de *usted* y *ustedes* suele estar relegado a situaciones muy formales, como para dirigirse al rey o a una persona mayor que no se conoce mucho y en algunos casos, según el hablante, a un profesor o doctor. Lo normal, parece ser, es usar *tú* o *vosotros* desde un principio: *Le dije a mi madre "ven acá, que te doy un abrazo".*
- **Leísmo.** Uso de *le* en vez de *lo* cuando se trata de un objeto directo que se refiere a personas del sexo masculino y en singular. Es un fenómeno aceptado en la norma culta de España: *Le he visto en la calle* (en vez de *lo he visto*). Es posible escuchar *les* pero no se considera culto y suele haber variación entre *les* y *los*. En el caso de las oraciones de doble objeto personal se suele preferir *lo*, aunque puede haber variación con *le*: *¿Me traes al niño? Sí, te lo*

traigo / sí, te le traigo. En algunas regiones del norte de España también se observa el **laísmo**. Este consiste en el uso de *la* en vez de *le* cuando tenemos un pronombre de objeto indirecto femenino: *A ella la gusta todo (A ella le gusta todo), a ella la duele la cabeza (a ella le duele la cabeza), la dije que no (le dije que no).* Su uso no es general en España y no se considera culto, pero sí es frecuente de forma oral en algunas regiones como Salamanca, Palencia y León (entre otras más).

- Distinción entre el **presente perfecto** y el pretérito. Esta distinción no suele darse tanto en la mayor parte del mundo hispano. Se usa el pretérito para acciones en el pasado ya completas y el presente perfecto para acciones en el pasado que no han concluido o con relevancia en el presente. Generalmente, se usa el presente perfecto con expresiones del siguiente tipo *hoy, esta mañana, esta semana, siempre, nunca, hasta ahora, todavía no, por fin, a las 8 de la mañana, por la mañana,* mientras que el pretérito con expresiones del tipo *ayer, anoche, la semana pasada, en 1990, en marzo, hace 5 años que,* etc. *La serie me ha gustado, mañana quiero ver la segunda parte; mis padres nunca fueron a París.*
- Uso de la secuencia de preposiciones *a por* en verbos que indican movimiento (ir, venir, llegar, salir, volver). *Voy a por los niños* (voy por los niños).
- Preferencia por la terminación *-se* en vez de *-ra* en el subjuntivo imperfecto. *Ojalá hubieses llamado, aunque tuviese pasta, no iría.*
- Contracción de *para* como *pa*. Es de uso informal: *Voy pa casa, ¿Pa qué vas?*
- Uso frecuente de palabras tabúes en más contextos y sin restricciones de edad, género, nivel educativo, etc. en el habla informal. A diferencia de Hispanoamérica, donde en los medios de comunicación se suele censurar el uso de palabras que suenen soeces, en España es muy común no ver este tipo de restricciones, sobre todo en los horarios nocturnos. Esta misma tendencia se observa en el día a día de los españoles, donde suele haber más equidad en la manera de dirigirse entre personas de diferentes edades, niveles sociales, género, etc.

El español de Andalucía: principales rasgos fonéticos

- [s] es mayoritariamente alveolar (en contraste con la [s̠] apicoalveolar del castellano).
- **Distinción** *s/z, se/ce, si/ci.* Ver la explicación en la sección del español castellano. Es común en el norte y sureste de Andalucía. Ejemplos: *Casa* [kasa] y *caza* [kaθa].

- **Seseo.** La grafía z y la combinación *ce* y *ci* se pronuncian con [s], es decir, no se usa [θ]. Común en el centro de Andalucía, incluyendo la ciudad de Sevilla, y Cádiz en el sur. Ejemplos: *casar* = [kasaɾ], *cazar* = [kasaɾ].

- **Ceceo.** Tanto las grafías *s* y *z* como las combinaciones *ce* y *ci* tienden a pronunciarse, aunque no siempre, con el sonido [θ] (suele haber **variación** con [s] y [h]). Es común en el centro y sur de Andalucía (pero no tanto en Sevilla ni en Cádiz). Suele ser un fenómeno estigmatizado, así que no es raro que en ciertos contextos las personas que cecean intenten hacer la distinción o el seseo. Ejemplos: *casar* = [kaθaɾ], *cazar* = [kaθaɾ].

- **Aspiración** de [s] al final de sílaba u omisión de esta. Consiste en pronunciar las letras *s* y *z* (en las regiones de seseo y ceceo) con el sonido [h] cuando estas están al final de una sílaba. Es más frecuente cuando está antes de una consonante (dentro de la misma palabra o en la siguiente palabra). Es un fenómeno en **variación**. La **omisión**, que es un poco más informal, consiste en no pronunciar [s] en estos contextos de aspiración. Cuando hay omisión, por lo general, la vocal se alarga (usamos los dos puntos ":" para representar ese alargamiento). La omisión es más frecuente cuando hay una pausa después (típicamente al final de una palabra o de una oración). Ambos fenómenos se pueden escuchar en toda Andalucía, pero la aspiración es más frecuente en la parte occidental y la omisión en la oriental. Ejemplos: *Esto* = [ehto] o [e:to], *conozco* = [konohko] o [kono:ko], *es caro* = [ehkaɾo] o [e:kaɾo].

- **Aspiración de [x].** Consiste en pronunciar el sonido fricativo velar sordo [x] como fricativo glotal sordo [h] (en inglés *h*) en la grafía *j* y las combinaciones *ge* y *gi*. [h] suele estar en variación con [x]. Es más común en el oeste y gran parte del centro de Andalucía. Ejemplos: *Junta* = [hunta], *gente* = [hente], *gitano* = [hitano].

- Velarización de [n] al final de palabra. Como vimos en el capítulo 3, cuando describimos los sonidos del español, [n] suele adoptar rasgos de la consonante que le sigue. La velarización de [n] es normal cuando hay un sonido velar después de *n*. Sin embargo, cuando [n] se pronuncia de manera velar (como [ŋ]) en otros contextos al final de sílaba, entonces es un rasgo dialectal. Para ser más específicos, la velarización de [n] final consiste en pronunciar [n] final como *ng* en inglés (como en *sing*). Como dijimos, normalmente [n] es velar si hay otro sonido consonántico velar después: *sin gorra*: [siŋ. gora]. Sin embargo, en español "estándar", [n] no sería velar si no tenemos una consonante velar después: *sin alas*: [si.na.las]. Con velarización de [n] el ejemplo de *sin alas* sería: [siŋ.a.las]. Más ejemplos: *Pan* = [paŋ], *son* = [soŋ], *varón* = [baɾoŋ].

Algunos rasgos fonéticos del habla informal de Andalucía

- Elisión de *r* y *l* al final de palabra (sucede más al final de una oración o antes de pausa). Ejemplos: *Cantar* = [kantá], *papel* = [papé].
- Elisión de *d* en la terminación -ido (además de -ado) y en otros contextos entre vocales. Ejemplos: *Partido* = [paɾtío], *pasada* = [pasá], *nada* = [na].
- Neutralización de [l] y [ɾ] al final de sílaba. Consiste en confundir ambos sonidos y pronunciar el uno por el otro. Ejemplos: *Alto* = [aɾto], *cerca* = [selka].
- Debilitamiento de [tʃ]. Consiste en pronunciar [tʃ] como [ʃ] (las grafías *ch* como *sh* en inglés). Común en la mayor parte de Andalucía, excepto en la zona oriental. Ejemplos: *Muchacho* = [muʃaʃo], *gazpacho* = [gahpaʃo].

Algunos rasgos morfosintácticos del español de Andalucía

- Ausencia de leísmo. Por lo general, en Andalucía se usa *lo* en vez de *le* cuando el sujeto es humano y masculino (aunque puede haber variación con el leísmo). Ejemplo: *Lo vi en la fiesta (a Carlos)*.
- En cuanto al uso de *vosotros*, Andalucía está dividida en su uso según la región. En la parte norte y oriental suelen seguir el uso del español castellano, en donde *vosotros* es familiar y *ustedes* es formal (con sus conjugaciones correspondientes). El resto de Andalucía, el sur y occidente y parte del centro, sigue usando *ustedes* para situaciones formales, pero para el uso familiar pueden tener dos opciones: un uso de *ustedes* con conjugaciones de *ustedes* (*ustedes son mis amigos*) o el uso de *ustedes* mezclado con las conjugaciones verbales de *vosotros*: *ustedes sois mis amigos*.

Vocabulario típico de España

- **¡Anda!** Expresión que denota sorpresa: *¡Anda! No sabía que vendrías*. De desacuerdo: *¿Qué fui novia del vecino? ¡Anda!*
- **¡Coño!** Expresión malsonante de enojo, sorpresa.
- **¡Hala!** Expresión de sorpresa. *¡Hala! Se te rompió el pantalón*.
- **¡Hostia!** Expresión muy enfática que denota mucha sorpresa (puede ser malsonante). *¡Hostia! ¡Qué coche más horrible te has comprado!*

- **¡Jo!** Expresión de decepción o tristeza. *¡Jo! Ya no vamos a ir a la playa porque hace mal tiempo.*
- **¡Joder!** Expresión malsonante de enojo o sorpresa.
- **¡Madre mía!** Expresión de sorpresa, asombro o decepción. *¡Madre mía! No sale el sol desde hace tres semanas.*
- **¡Qué fuerte!** Expresión de incredulidad o asombro a un hecho inesperado. *¡Qué fuerte! El profesor se durmió en la clase.*
- **¡Tela!** Expresión para decir que algo es sorprendente o que merece mucha atención. *Muchísima gente fue a la fiesta de Paca, pero ¡tela! Nadie le trajo un regalo.*
- **¡Venga!** Expresión para indicar que todo está bien o para despedirse. *¡Venga! ¡Hasta luego!*
- **¿Diga?** Contestación al tomar el teléfono.
- **Apetecer.** Dar ganas, querer. Se conjuga como el verbo *gustar. ¿Te apetece un chocolate con churros?*
- **Atasco.** Embotellamiento vehicular.
- **Borde.** Grosero/a, antipático/a. *Me parece que tu novio es muy borde.*
- **Cabreado/a.** Enojado/a.
- **Chaval/a.** Chico/a, niño/a.
- **Chorrada.** Tontería. *Ese programa de televisión es una chorrada.*
- **Chulo/a.** Bonito/a, hermoso/a. *¡Qué chula tu camisa!*
- **Cotilla.** Chismoso/a. *¡Qué cotilla eres! Siempre estás viendo con quien chateo en el móvil.*
- **Culo.** Parte inferior o posterior de algo, nalgas. *Necesito comprar pañales para limpiarle el culo al bebé.* Nota: En América esta es una palabra malsonante, dado que el significado se usa exclusivamente para referirse al conducto digestivo del cuerpo. Esto no es así en España, donde tiene un significado más extendido y es frecuente en diferentes expresiones. Los usos de la palabra culo en España suelen hacer soltar un par de risas o estupor en muchos hispanoamericanos. *Me ha encantado la serie de Televisión Española "Con el culo al aire".*
- **Currar.** Trabajar. *Teresa se ha currado mucho ese proyecto.*
- **Cutre.** De mala calidad, feo. *Esos zapatos parecen un poco cutres.* Tacaño/a. *¡No seas cutre! Invítanos a comer para tu cumpleaños.*
- **Flipar.** Quedar o estar maravillado/a, incrédulo/a. *Vais a flipar cuando veáis el nuevo coche.*
- **Gilipollas.** Estúpido/a.
- **Guarro/a.** Sucio/a.
- **Guay.** Bien, estupendo/a.

- **Leche.** Golpe. *Me di una leche con la puerta.* **Mala leche.** Mala intención, mala persona. *Me parece mala leche que no vengas a mi fiesta solo porque no te lo pedí.* **Ser la leche.** Ser lo máximo.
- **Majo/a.** Agradable, simpático/a. *¡Qué maja es tu madre!*
- **Mogollón.** Mucho, un montón. *Esa película me gusta mogollón.*
- **No pasa nada.** No hay problema, está bien (esta expresión es de uso en todo el mundo hispano, pero parece tener mucha frecuencia en España).
- **Ordenador.** Computadora.
- **Pasta.** Dinero.
- **Pedo.** Endrogado/a.
- **Pesado/a.** Insistente. *No seas pesado. Te he dicho que no voy a ir contigo.*
- **Pijo/a.** Persona que actúa, viste o habla como de clase adinerada. *Esa escuela está llena de gente pija.*
- **Piso.** Apartamento, casa.
- **Pues nada.** Expresión para cerrar una conversación o despedirse. *Pues nada, nos vemos mañana.*
- **Quillo/a.** Chico/a, amigo/a (Andalucía, especialmente Sevilla, para dirigirse directamente a alguien informalmente). *Oye, quillo, ¡no me dejes así!*
- **Superviviente.** Sobreviviente.
- **Tacos.** Malas palabras.
- **Tío/a.** Tipo/, chico/a. *Oye tío, ¿me prestas tu coche?*
- **Vale.** Expresión para decir que "está bien", OK.
- **Vaqueros.** Jeans.
- **Zapatillas.** Zapatos deportivos.
- **Zumo.** Jugo (de fruta).

Ejercicio 1. ¿Usarías [s̪] o [θ] en las letras marcadas en negrita según el español castellano?

- Necesito cinco zumos.
- Hay que hacer las paces.
- Hazme la medicina.
- ¿Hiciste catorce citas?
- Estos zapatos merecen este precio.
- A veces pareces un científico.
- Me apetece ir a la piscina.
- Hace diez meses que te conocí.
- El pez no tiene consciencia de sus acciones.
- Me hace gracia tu decisión de no comer morcilla por razones especiales.

Ejercicio 2. Señala en qué letras se usaría el sonido [X].

- Caja
- Página
- Gente
- Jueves
- Gracias
- Jaula
- Traje
- Gitano
- Guerra
- Jirafa
- Gorro
- Jordania
- Lengua
- Juventud
- Pagué
- Agente
- Los Ángeles
- Majo
- Ajetreo
- Jeta

Ejercicio 3. Escribe el símbolo fonético de las letras en negrita que representan sonidos distintivos del español de Madrid.

- Cinco textos.
- Vuestra chimenea.
- Javier es sexto.
- Ha explotado.
- Nacisteis en Madrid.
- Necesito una jaula.
- No lo dejaréis.
- ¡Hola chicos! Os quería decir que sois muy especiales.

Ejercicio 4. Transforma al español castellano las palabras que aparecen en negrita.

- Esto es para ti.
- ¿Cómo están? Espero que estén bien.
- Si comiéramos frutas, no estaríamos enfermos.
- Encantado de conocerlo, señor Ramírez.

- La policía **llegó por** él.
- No me **dijiste** la verdad.
- Si me **hubieras** llamado ...
- Ellos vienen **por ustedes**.
- **¿Para** qué **quieren ustedes** ir?
- **Ustedes** se la **apañaron** muy bien.

Ejercicio 5. Practica el **leísmo**. Transforma las siguientes oraciones a pronombres de objeto directo o indirecto (*le, lo, les, los*), según sea el caso, y menciona si es posible el leísmo o no.

Ejemplos:

Vi a Marcos: Lo vi (objeto directo). *Le vi* (con leísmo)

Le dije la verdad: No es posible el leísmo porque *le* ya es un pronombre de objeto indirecto.

- No encuentro al niño.
- Escucho al profesor.
- ¿Por qué no amas a tu hijo?
- Pusiste el niño en la cama.
- No mandé la carta a Carlos.
- Necesito a José.
- Pregunta a Mario si viene.
- Sirvo una tapa a Roberto.

Ejercicio 6. Práctica de **presente perfecto** versus **pretérito**. Escribe las siguientes oraciones con ambos tiempos. Ejemplo: *lo haces aposta: Lo has hecho aposta / Lo hiciste aposta.*

- Me gusta mogollón el jersey.
- ¿Te apuntas en la lista?
- Me quedo frito.
- El profe pasa de mí.
- Me pillas en la siesta.
- Te hace gracia mi coche.
- Esa atracción es la leche.
- Ese documental es una pasada.
- El tío se lo curra bien.
- Flipo con tu propuesta.

Ejercicio 7. ¿Cómo se pronunciarían las siguientes palabras con distinción de *s*/*z*, seseo y ceceo? Usa los símbolos fonéticos [s] y [θ] según sea el caso.

- Esa cazadora es azul.
- Esto no me gusta.
- Son cerca de quince cervezas.
- Hace muchos años que te conozco.
- A veces me apetece estar en la piscina.

Ejercicio 8. Cambia la *s* de las siguientes oraciones a *s* aspirada y omisión de *s*. Usa los símbolos [h] o los puntos [:] para el alargamiento de vocales, según sea el caso.

- Te espero.
- Me gustas más así.
- Estoy un poco estresado.
- No es como tú piensas.
- Los andaluces somos personas muy majas.
- Escribo con la mano izquierda.
- ¿Eres vasco o asturiano?
- Comiste muchas tapas.
- Tal vez estudie por las mañanas.
- Vamos a Estados Unidos.

Ejercicio 9. Cambia las siguientes palabras a **aspiración** de [x] y [n] **velar**.

- Jamón
- Página
- Jarrón
- Mejor
- Corazón
- Ahorran
- Geografía
- Ven
- Japón
- Saxofón

Ejercicio 10. Escribe tres oraciones cortas con cada uno de los rasgos fonéticos del español de Andalucía.

- Elisión de *r* y *l* al final de palabra.

_____

_____

- Elisión de _d_ en la terminación -ido (además de -ado) y otros contextos.

_____

_____

- Neutralización de [l] y [ɾ] al final de sílaba. Usa los símbolos [l] y [ɾ].

_____

_____

- Debilitamiento de [tʃ]. Usa el símbolo [ʃ].

_____

_____

Ejercicio 11. Las siguientes oraciones contienen leísmo y el uso de _vosotros_ como se usa en español castellano. Transfórmalas al español de la región sur de Andalucía sin leísmo y con las tres opciones de segunda persona plural y familiar posibles en Andalucía, según corresponda.

- No le he visto en todo el día.

_____

- Le busqué por toda la ciudad, pero no le he encontrado.

_____

- Tengo que conocerle.

_____

- ¿Vosotros venís conmigo?

_____

_____

- ¿Vosotros queréis comer algo?

_____

_____

Ejercicio 12. Lee las siguientes situaciones y reacciona usando una de las siguientes opciones: _anda_ de sorpresa agradable y de desacuerdo, _hala, hostia, jo, madre mía, qué fuerte, no pasa nada, qué pesado, qué cotillas eres._ Hay más de una respuesta, todo depende del énfasis o sentimiento que quieras expresar.

- Un amigo se disculpa porque llega tarde a tu fiesta.
- Ves en las noticias que un meteorito va a caer en la tierra dentro de una semana.
- Una compañera de clase lleva faltando 90 % a clase.
- Un amigo te pide por tercera vez que le des "me gusta" a su foto de Instagram.
- El perrito de tu mejor amigo/a está muy enfermo, posiblemente no sobreviva.
- Estás tomando café muy caliente en clase y se te cae en las piernas.
- Una amiga mira la pantalla de tu ordenador mientras escribes un correo.
- Un compañero de clase le dice al profesor "no me gusta tu clase".
- Miras tu reloj y ves que llegarás 30 minutos tarde a la cita con el amor de tu vida.
- El profesor llega tarde a dar la clase por tercera vez en la misma semana.
- Estás viendo una película muy buena pero al final todos los personajes buenos mueren.
- Un compañero/a de clase dice enfrente de toda la clase que tú le has robado dinero.

Ejercicio 13. Elabora un pequeño diálogo usando 10 palabras típicas de España. Cuando lo practiques, utiliza la pronunciación de español castellano o andaluz.

_____

_____

_____

_____

_____

_____

_____

_____

Recursos adicionales

- Para escuchar la *s* apicoalveolar, te recomendamos la canción *Rosas* del grupo español La Oreja de Van Gogh. Igualmente, puedes buscar entrevistas con Rocío Monasterios (por ejemplo, *Entrevista con Rocío Monasterio, líder de VOX en Madrid* https://youtu.be/cnVPLv3on0w), con Gabriel Rufián (por ejemplo, *Entrevista a Gabriel Rufián* en https://youtu.be/_xpqwv7LKyg)y con el cantante Camilo Sesto (por ejemplo, *Camilo Sesto última entrevista* https://youtu.be/m7jjCSIE7w4).
- Para escuchar ejemplos de elisión de *d*, escucha la canción *El Pescao* del grupo español El Canto del Loco.
- Para escuchar un poco la entonación castellana, mira el video *Splunge Gestos de TVE*, disponible en https://youtu.be/IEGamVBeeOc
- Para escuchar el habla informal del norte de España, mira el video *Vaya Semanita - Los Vascos y los tacos* en https://youtu.be/FkM0-JKztpw
- Para escuchar el acento andaluz, busca en YouTube el video del niño Domingo en el programa Menuda Noche 2005.
- Más vocabulario andaluz en el artículo del Huffington Post (2017, 1 de septiembre) *Once palabras que deberíamos importar del andaluz*, disponible en https://www.huffingtonpost.es/2017/09/01/once-palabras-que-deberiamos-importar-del-andaluz_a_23155485
- Te recomendamos el video *Conversación sobre el andaluz: José María Pérez Orozco y el habla andaluza*, disponible en https://youtu.be/o090G1KX3nw
- Para escuchar la pronunciación de *ch* como *sh* y otros rasgos del español del sur de Andalucía, te recomendamos los temas musicales de Manuel Carrasco, por ejemplo, la canción *A veces te imagino*.
- Te recomendamos la película española más taquillera de España *Ocho apellidos vascos*. Es una comedia donde se tratan con humor algunos de los estereotipos lingüísticos y culturales de Andalucía y el País Vasco.
- La serie de televisión más popular de España es *La que se avecina*. Con ella puedes practicar el vocabulario típico de España. Disponible en el sitio de la cadena de televisión Telecinco https://www.mitele.es/series-online/la-que-se-avecina
- El español El Rubius es el youtubero número tres más famoso en español (abril de 2021). Para saber quiénes son el primero y el segundo, mira los recursos adicionales de Chile y El Salvador.
- Si quieres saber más sobre el seseo y el ceceo, mira el video *La Aventura del Saber. Seseo, ceceo, la letra Z y Andalucía en la lengua española* en https://youtu.be/7b-03BEhKhk

- Varios canales de televisión de España emiten gratuitamente sus programas, entre ellos Televisión Española (httpp://ww.rtve.es) y Canal Sur (https://www.canalsur.es).

Referencias

BBC News Mundo. (2019, 13 de julio). *¿Se dice español o castellano?* https://youtu.be/wdeCiZ-tTwgI

Fernández-Ordóñez, I. (2016). Dialectos del español peninsular. En J. Gutiérrez Rexach (ed.), *Enciclopedia lingüística hispánica* (387–404), Routledge.

González-Lloret, M. (2008). *"No Me Llames De Usted, Trátame De Tú": L2 Address Behavior Development through Synchronous Computer-Mediated* Communication [tesis de doctorado, University of Hawai'i at Manoa].

Jurado, J. (2020, 23 de abril). *Andalufobia: apuntar alto para golpear abajo* [2021, 6 de mayo]. https://www.elsaltodiario.com/andalucismo/andalufobia-acento-andaluz-maria-jesus-montero-perez-reverte-autoodio

Lara Bermejo, V. (2018). *La cortesía en la Península Ibérica*. Peter Lang.

Lipski, J. (1994). *Latin American Spanish*. Longman Pub Group.

Moreno-Fernández, F. (2014, 25–28 de junio). *Español de España – Español de América: Mitos y realidades de su enseñanza* [presentación en conferencia]. FIAPE. V Congreso internacional. Cuenca, España.

Recasens, D. & Espinosa, A. (2005). Articulatory, positional and coarticulatory characteristics for clear /l/ and dark /l/: evidence from two Catalan dialects. *Journal of the International Phonetic Association*, 35 (1), 1–25.

Regan, B. (2020). The split of a fricative merger due to dialect contact and societal changes: A sociophonetic study on Andalusian Spanish read-speech. *Language Variation and Change*, October 2020. DOI: https://doi.org/10.1017/S0954394520000113

Vida Castro, M. (2016). Correlatos acústicos y factores sociales en la aspiración de /-s/ preoclusiva en la variedad de Málaga (España). Análisis de un cambio fonético en curso. *Lingua americana*, 20(38), 15–36.

CAPÍTULO 5

Generalidades del español de América

En los países hispanos se aprende en la escuela que en el mundo hay 5 continentes: América, Europa, África, Asia y Oceanía. En el sentido estricto de la palabra, América para un hispano comienza en Alaska e incluye a EE. UU. y Canadá, entre otros países que no hablan español que están de este lado del Atlántico. Este dato es importante para cuando hablemos de las variedades lingüísticas de América, ya que usaremos el término "español americano" para aquel que se habla desde México hasta Argentina y Chile, incluidas las islas caribeñas que hablan español y Centroamérica. Dada su gran extensión geográfica, no sorprenderá que el español americano sea muy diverso.

Algo interesante de la historia del español y de cómo este se extendió a América es que cuando Cristóbal Colón llegó a América el español no era exactamente el mismo que se habla hoy en día en todo el mundo hispano. Eso quiere decir que desde el siglo XV hasta la actualidad, el español de España y el de América han sufrido cambios, tanto en ortografía, como en diferentes rasgos fonéticos, morfosintácticos, léxicos, etc. Entre ellos, vale la pena mencionar la adopción de la letra eñe (resultado de poner dos enes, una encima de otra, para ahorrar papel), el cambio de la letra equis (que se pronunciaba *sh* en español medieval) por la *j*, la desaparición de la ce con cedilla *ç*, *aver* (haber) que significaba *tener* y el uso de *vos* en singular para dirigirse a personas de igual rango (que finalmente fue reemplazado por *tú* en algunas regiones del mundo hispano). Para un repaso breve de la historia del español recomendamos a Pharies (2007).

Durante la colonia española en América, algunas regiones tuvieron más contacto con España, con lo cual el español de estas regiones se vio más influido de los cambios que iban sucediendo al otro lado del Atlántico. Mientras tanto, otras regiones americanas quedaron más aisladas y guardaron algunos rasgos del español medieval traído durante la colonia o formaron sus propias innovaciones lingüísticas. Asimismo, hubo regiones que tuvieron más contacto con Castilla y otras con Andalucía. Recordemos que, durante la colonia, Castilla tenía un papel administrativo, mientras que Andalucía era un centro de comercio, con importantes puertos que conectaban a España con los puertos principales de las colonias americanas. Como vimos antes, el español castellano se mantuvo relativamente más conservador. El andaluz, por su parte, dado que esta región fue un punto de reunión de comerciantes de diferentes partes de Europa, sobre todo de toda España, desarrolló muchas innovaciones lingüísticas. A esta formación de una nueva variedad lingüística, producto de la convivencia de hablantes de diferentes variedades y lenguas, se le suele llamar **nivelación lingüística**. Esta dualidad lingüística del español peninsular, la del castellano y el andaluz, también se puede ver reflejada en el español americano.

Es prácticamente imposible decir que el español americano constituya un solo dialecto, pues cada región contrasta con otra, a veces en pequeñas susceptibilidades y otras con diferencias tajantes. Muchas veces podríamos decir que algunos dialectos tienen más en común con España que con otro dialecto de América. Muchas variedades del español americano también han recibido influencia de otras lenguas, tanto indígenas (como el náhuatl, el guaraní y el quechua) como europeas (como el inglés y el italiano). La influencia fue mayormente léxica, adquiriéndose numerosas palabras, especialmente de lenguas amerindias, de cosas que no existían en Europa antes de la colonización. Muchas de estas palabras son de uso regional, pero también hay algunas que lograron extenderse a todo el español, e incluso a otras lenguas, como *chocolate, tomate, maíz, canoa, huracán, llama, coyote* y *aguacate*.

La Real Academia Española y las Academias americanas

La expansión del español en América y la formación de nuevas variedades lingüísticas hizo que la España colonial tuviera miedo de que en sus colonias se formaran nuevos idiomas y, de paso, buscaran su independencia, como pasó en Europa con el latín y la formación de las lenguas romances. A nivel lingüístico, una de las medidas que se tomó en el siglo XVIII, específicamente en 1713, fue la creación, en Madrid, de la Real Academia Española (RAE). Esta institución, cuyo lema es "Limpia, fija y da esplendor", se encargaba de crear los diccionarios oficiales de la lengua española y decidir cuáles eran los usos correctos del idioma español. Por esto, se la suele considerar como una institución prescriptivista, es decir, que se dedica a decir lo que es correcto o no. La RAE está formada por personas de renombre a quienes llaman "académicos de número". En principio, era una institución sumamente europeísta, favoreciendo siempre el español castellano, cosa que muchos académicos americanos de antaño resentían. Sin embargo, a partir de 1871 se formó la Academia Colombiana de la Lengua y de ahí se fueron formando poco a poco nuevas academias por todo el mundo hispano, todas asociadas a la RAE. Las últimas fueron las de Puerto Rico (que se abrió en 1955), Estados Unidos (en 1973) y Guinea Ecuatorial (la más reciente, en 2016).

Una de las críticas a esta institución, aparte de su tendencia prescriptivista, es que ha sido dominada mayormente por hombres, elegidos a dedo por algún talento reconocido o prestigio en las letras o ciencias (por ejemplo, escritores reconocidos). La primera mujer aceptada como académica de la RAE fue Carmen Conde, en 1979, más de 250 años después de su fundación. Hoy en día, la RAE goza todavía de cierto prestigio entre las personas educadas y los medios de comunicación. Además, ha reducido relativamente su tono prescriptivo. Cuenta con lexicógrafos y lingüistas y su papel suele ser más inclusivo y descriptivo. Es decir, que se limita más a describir las palabras y usos del español en todo el mundo hispano. Aunque todavía tiende a ser conservadora. Por ejemplo, desde finales del siglo pasado, existe en el mundo hispano una discusión sobre el uso del lenguaje inclusivo en español, especialmente el no sexista. Sustantivos que se referirían a mujeres que no poseían un femenino (por ejemplo: juez, alcalde, presidente) comenzaron a usarse con mucho éxito con formas en femenino: jueza, alcaldesa, presidenta. Al final, la RAE terminó incluyéndolas en su diccionario (disponible también en la red en http:// www.rae.es). Otras formas que están teniendo relativa aceptación en el español moderno son las que mencionan ambos géneros, por ejemplo, "chicos y chicas" en vez de solo "chicos", aunque todavía hay hablantes que reniegan de ellas. Las propuestas de lenguaje inclusivo más recientes incluyen usos más atrevidos como el uso de la arroba o "x" para indicar ambos géneros (por ejemplo: amig@s, amigxs, querid@s, queridxs) en el lenguaje escrito o el uso de la terminación -e en vez de -o para aquellas palabras (artículos, adjetivos, etc.) que admiten una diferenciación de género: *todes* (todas, todos). Estas propuestas están teniendo más resistencia y menos aceptación popular (por ejemplo, ver Fundéu, 2019 y BBC News Mundo, 2019), aunque hay países, como Argentina, donde ya se comienzan a escuchar las terminaciones en -es en ciertos hablantes. En estos casos, la RAE suele ser cautelosa y espera a que pase más tiempo y que haya aceptación popular para dar un pronunciamiento positivo ante nuevos cambios.

El español popular de América

Uno de los pocos rasgos que tienen en común todos los dialectos de América es la **ausencia del pronombre** *vosotros* (Nieuwenhuijsen, 2006). En todo el continente americano se usa el pronombre *ustedes* tanto en situaciones formales como informales. Es de aclarar que el uso de *vosotros* sí se puede observar en muchas regiones americanas en el lenguaje religioso, en juramentos o para representar el habla antigua, pero nunca en el habla espontánea, ya sea culta, formal o informal. Estos usos son poco frecuentes y la mayoría de los hablantes americanos no dominan la conjugación verbal de *vosotros* y desconocen su uso tal y como se da en España.

En la parte fonética, todos los dialectos americanos usan el **seseo** (ausencia del sonido interdental [θ]) y ninguno hace la distinción *s/z, se/ce, si/ci*. Aparte de la ausencia de *vosotros* y la presencia del seseo, el español americano posee otros rasgos que están muy extendidos en casi todo el continente, encontrándose en la mayoría de variedades. Hay que aclarar que se tratan de usos más del habla popular o *informal* (aunque muchas veces su uso se extienda al habla culta). Asimismo, muchos de estos rasgos también se pueden escuchar en algunas regiones de España. A continuación, nombraremos algunos de ellos.

Terminación en -s de la segunda persona en el pretérito. *Fuistes, hablastes, comistes* en vez de *fuiste, hablaste, comiste*. Como veremos adelante, cuando analicemos un texto del español de siglo XV, este rasgo es un remanente del español medieval.

Pluralización del pronombre de objeto directo *lo* o *la* en oraciones con doble pronombre (se + pronombre de objeto directo) cuando el pronombre de objeto indirecto *se* se refiere a la tercera persona plural. Por ejemplo: *El libro se los compré a ellos* en vez de *El libro se lo compré a ellos*. Este caso se da por confusión de objeto. El hablante relaciona *lo* con *ellos* cuando realmente *lo* está sustituyendo a *el libro*. Esta confusión es más común con verbos como *decir, preguntar, dar: se los dije, se los pregunté, se las di*.

Uso de la estructura *qué tan* como cuantificador (en vez de cuán, cómo de). *¿Qué tan grande es tu casa? No sé qué tan grande será*.

Uso de *haiga* en vez de *haya*. Ejemplo: *Espero que haiga café*. *Haiga* también es un remanente del español medieval. A pesar de escucharse mucho, es una forma bastante estigmatizada entre los hablantes del habla culta.

Uso de *veniste* y confusión del presente de *venir* en primera persona plural. Muchos hablantes suelen decir *veniste* por *viniste*. Igualmente, la forma *vinimos* (pretérito de *venir* en primera persona plural) suele sustituirse por *venimos* (presente de indicativo de la primera persona plural). Es decir, que se usa *venimos* para ambos, el pretérito y el presente. Ejemplos: *Antier veniste tarde* (Antier viniste tarde). *El año pasado venimos a visitarte* (El año pasado vinimos a visitarte).

Pluralización del verbo *haber* existencial. Consiste en hacer concordar el verbo *haber* con un referente plural en oraciones existenciales (Arteaga Santos, 2017; Quintanilla-Aguilar, 2015). De acuerdo a los manuales de gramática, el verbo *haber* en oraciones existenciales debe ser impersonal y, por lo tanto, debe mantenerse en singular. Por ejemplo, en la oración *había cinco hombres*, "cinco hombres" está en plural pero usamos la conjugación en singular de *había* (y no *habían*) porque es una oración existencial. Esto es diferente en lenguas como el inglés, donde se usa *there is* para singular y *there are* para plural. En español, muchos hispanohablantes conjugan el verbo *haber* en plural si se habla de algo plural. La oración anterior sería entonces *habían cinco hombres*. Esto es muy frecuente en el habla espontánea de personas de diferentes edades y con diversos niveles de educación. Suele evitarse en el habla muy formal si el hablante está consciente de la existencia del fenómeno, aunque muchas veces se ve en la lengua escrita y formal. La pluralización está generalmente estigmatizada y se considera "incorrecta". Sin embargo, muchos hablantes, incluyendo cultos, no saben de la existencia de este fenómeno, así que la usan sin percatarse de ello. Los hablantes que saben sobre la pluralización suelen tener conocimientos avanzados de gramática e intentan o se acostumbran a no usarla, aunque incluso así a muchos se les escapa en el habla espontánea. A veces sucede que algunos hablantes solo reconocen algunas formas que son conocidas como "incorrectas" pero no el resto de formas que estarían "incorrectas". Por ejemplo, *hubieron* y *habemos* suelen ser reconocidas como "errores" por muchos hablantes cultos y por los correctores ortográficos de los procesadores de palabras como *Word*, pero no es así con otras conjugaciones. Recordemos que el verbo *haber*, aparte de existencial, tiene otros usos, como el de verbo auxiliar, en donde sí es correcto pluralizarlo (esto seguramente ayuda a que haya mayor confusión). Por ejemplo, la forma *habían* es correcta en *Ellos habían estudiado* pero no *En la biblioteca habían muchos libros*. Si un hablante no sabe la diferencia entre un *verbo existencial* y uno *auxiliar*, él o ella va a usar *habían libros* porque *habían* le suena válido y lógico por la pluralidad de *libros* y porque se usa en oraciones como *Ellos habían estudiado*. La pluralización se da en todas las conjugaciones de *haber* como impersonal (*hubieron, habrán, han habido, deben haber, van haber, tienen que haber*, etc.) excepto en *hay* (aunque algunos estudiosos han encontrado que en algunas zonas remotas hay gente que lo pluraliza como "hain"). Es más frecuente en Hispanoamérica, pero se escucha también en España, especialmente en Cataluña y Valencia (donde hay pluralización de *haber* en catalán y valenciano). La pluralización de *haber* también es posible en la primera persona (Castillo Lluch et al., 2016): ***habemos muchos pobres*** (en vez de *hay* o *somos muchos pobres*), aunque este uso parece que está menos extendido y quizá más estigmatizado. En este caso, el significado es de inclusión: *En la clase había 20 estudiantes* significa que el hablante no es uno de esos estudiantes, posiblemente sea el profesor. Sin embargo, si el hablante se quiere incluir, o sea, que él o ella es también uno de esos estudiantes, entonces diría: *En la clase habíamos 20 estudiantes.*

Ejercicio 1. El siguiente es un extracto de una carta de venta escrita en el año 1493. Te hemos señalado en negrita algunas particularidades lingüísticas y ortográficas del español del siglo XV. ¿Puedes decir cuál es el equivalente de estas palabras en español actual y explicar los cambios?

> *Sepan **quantos** esta carta de venta **vieren** como yo, Pero Sanches Calderon, sastre, **vezino** de la villa de Potes, **cognosco** e otorgo por esta presente carta que vendo **a vos**, el **sennor** prior e monges e convento del monesterio de sennor Santo Toribio de Lievana que presente **estais**, un molino que yo he e tengo **ençima** de la puente de Torieno que se llama el molino de Orejon, que **ha** por linderos: de la una parte, de **baxo**, el rio de Deva, e de la parte de arriba, el camino real que va de Valdevaro para la villa de Potes. El qual dicho molino dentro **destos** dichos linderos **vos vendo** con todas sus entradas e salidas, aguas estantes e vertientes e corrientes, con su presa e caliente e con sus usos e costumbres quantas ha e **deve aver** en la manera que dicha es, por preçio, e quantia, e conveniençia, e corroboraçion de çinco **mill** maravedis desta moneda que **agora** corre en Castilla que seys cornados **fazen** un maravedi. De los quales dichos çinco mill maravedis me otorgo de vos, los suso dichos por bien pagado e contento a toda mi voluntad ante el escrivano e testigos desta carta, por quanto pasaron de **vuestro** poder al mio e me los **pagastes** en oro y en plata e en otra moneda, de manera que en vos **non** quede nada de pagar nin a mi por **resçebir,** en presençia de los dichos testigos. Carta de venta, 1493 [Colección diplomática de Santo Toribio de Liébana] Anónimo.

- quantos
- vieren
- vezino
- cognosco
- a vos
- sennor
- estais
- e
- ençima
- ha
- baxo
- destos
- vos vendo
- deve

- aver
- mill
- agora
- seys
- fazen
- vuestro
- pagastes
- non
- nin
- resçebir

Ejercicio 2. Responde.

1. Para los hispanohablantes, ¿cuántos continentes hay? ¿Qué comprende América?
2. ¿Quién fue Cristóbal Colón?
3. Menciona 3 rasgos lingüísticos del español del siglo XV que ya no se dan en el español moderno.
4. ¿Qué es la nivelación lingüística? ¿Qué tiene que ver con el español andaluz?
5. ¿Cuáles son algunas lenguas amerindias de las que tuvo influencia el español americano? ¿Qué tipo de influencia fue esta? Da algunas palabras de ejemplo.
6. ¿Cuáles son los dos rasgos lingüísticos que tiene en común todo el español americano?
7. ¿Qué es la RAE? ¿Cuáles han sido algunas críticas hacia ella?
8. ¿Dirías que la RAE es prescriptivista o descriptiva?
9. ¿Qué es la arroba? ¿Para que la usan algunos hablantes?
10. ¿Cuáles son algunos cambios de lenguaje inclusivo aceptados en el español moderno? ¿Cuáles son algunas propuestas nuevas?

Ejercicio 3. Cambia las palabras en negrita a una forma del español popular.

- ¿Dónde **estuviste** ayer?
- Creo que la foto no se **la** enseñé a ellas.
- No voy a ir, aunque **haya** comida.
- ¿Por qué no **viniste** a la clase?
- Posiblemente no **entendiste** la pregunta.
- ¡Ay! Quizá el número no se **lo** di a ustedes.
- Hace dos años que **vinimos** a Estados Unidos.

- Nunca me **regalaste** algo para mi cumpleaños.
- El dinero se **lo** voy a dar a ellos mañana.
- El fin de semana pasado **vinimos** muy tarde.

Ejercicio 4. Forma preguntas con los siguientes adjetivos usando la estructura "qué tan".

1. Bueno
2. Interesante
3. Rápido
4. Caro
5. Despistado
6. Guapos
7. Fáciles
8. Rico
9. Largo
10. Peligroso

Ejercicio 5. Identifica las oraciones en donde el verbo *haber* esté pluralizado y haz la corrección correspondiente. Si el verbo está correcto, simplemente escribe "correcto".

- Ellos habían hablado demasiado.

_____

- Deben haber dos almohadas en la cama.

_____

- No creo que vayan a haber muchos exámenes en esta clase.

_____

- Hay 5000 estudiantes sin clases.

_____

- Tienen que haber al menos dos elecciones.

_____

- No sé si ustedes han averiguado cuánto vale esa casa.

_____

- En mi familia habemos más chicas que chicos.

_____

- Mañana a esta hora ya habremos regresado.

_____

- En la fiesta van a haber muchas sorpresas.

- Ojalá me hubieran dicho la verdad.

- En la guerra hubieron muchos muertos.

- Yo creo que han habido muchas quejas.

- La próxima semana habrán más tormentas.

- Espero que hayamos hecho bien la tarea.

- Ayer habíamos más en esta clase.

- No sé cuántos niños habían.

- ¿Cuántos libros crees que habrían en la biblioteca?

- Si hubiéramos trabajado, habríamos tenido dinero.

- Antes habían más árboles.

- Ellos pueden haber averiguado tus datos.

- Es posible que hayan dos exámenes.

- Nos han dicho muchísimas cosas interesantes.

Recursos adicionales

- Busca y mira en YouTube los siguientes videos: *¿Haya o Haiga? Ambas existen en el diccionario y así se usan* https://youtu.be/E975ds8Bfzg
- Otro video con un ejemplo de *haiga* en México *Michelle Vieth dice "Haiga" en entrevista* https://youtu.be/Qnx5RGc3_4Y
- Un ejemplo de *veniste* en música mexicana en *Jorge Valenzuela "Te veniste"* https://youtu.be/BXBjbBy-WnE
- Ejemplo de Perú de *se los dije* en *Strong Black & Kaele Bigger - Yo se los dije* https://youtu.be/JWs1jh8SpvI

- Ejemplo de El Salvador del uso de *las* pluralizado en *Alvaro Torres, La Entrevista Más Divertida!* https://youtu.be/fsi4FFJWI_Y?t=355 (minuto 5:57).
- Reportaje sobre la pluralización de *haber* en *Decir habemos es un error gramatical en español* https://youtu.be/tho_8XzCUOA
- Un ejemplo de *hubieron* (minuto 1:33) en *Marco Antelo explota y cuenta la verdad! (Dice que Anabel lo mantiene)* https://youtu.be/TXu_54JStnI?t=93
- Un ejemplo de *habemos* en la música en *La Gente - Cuantos Habemos* https://youtu.be/zpbMPoGGPXc
- Reportaje periodístico sobre la distinción de *s/z* en *BBC Mundo. Por qué en América Latina no pronunciamos la Z y la C como en España* https://www.bbc.com/mundo/noticias-36896631

Referencias

Arteaga Santos, S. (2017). *La (im)personalización del verbo haber en La Habana y en la Ciudad de México* [tesis de maestría, Universidad Autónoma de Querétaro]

BBC News Mundo. (2019, 23 de abril). *Día del idioma español: ¿usas un lenguaje inclusivo?* https://www.bbc.com/mundo/noticias-48017863

Castillo Lluch, M. & Octavio de Toledo y Huerta, A. (2016). Habemos muchos que hablamos español: distribución e historia de la concordancia existencial en primera persona de plural. En C. Benito Moreno & Octavio de Toledo y Huerta, A. (eds.), En torno a haber: construcciones, usos y variación desde el latín hasta la actualidad (111-168), Peter Lang.

Fundéu. (2019). *Lenguaje inclusivo: una breve guía sobre todo lo que está pasando.* https://www.fundeu.es/lenguaje-inclusivo

Nieuwenhuijsen, D. (2006). Vosotros: surgimiento y pérdida de un pronombre en perspectiva diacrónica y diatópica. *Actas del VI Congreso Internacional de Historia de la Lengua Española* (Madrid, 29/9/03 - 4/10/03), 1-11.

Pharies, D. (2007). *Breve historia de la lengua española.* University of Chicago Press.

Quintanilla-Aguilar, J. R. A. La subsistencia del verbo haber existencial como impersonal en el español de El Salvador. *Hispanic Research Journal,* 16(4), 281–295.

Real Academia Española: Banco de datos (CORDE) [en línea]. Corpus diacrónico del español. <http://www.rae.es> [2 de febrero de 2020].

Real Academia Española: Banco de datos (CREA) [en línea]. Corpus de referencia del español actual. <http://www.rae.es> [12 de enero de 2008].

CAPÍTULO 6

El español del Caribe: Cuba, República Dominicana, Puerto Rico y Panamá

Al hablar del Caribe hispano pensamos inmediatamente en Cuba, Puerto Rico y la República Dominicana. Sin embargo, el español caribeño se extiende también por toda la costa caribeña del continente, desde México a Venezuela. También es cierto que estas costas tienen sus propias particularidades lingüísticas dada su cercanía con otras variedades del interior de cada país. Así que en esta sección sobre el español caribeño solo incluimos a Panamá, adicionalmente a las tres islas caribeñas (Cuba, República Dominicana y Puerto Rico), dado que las tres islas y Panamá tienen mucha similitud lingüística. Hoy en día Panamá se considera parte de Centroamérica, al menos geográfica y políticamente. Antes de 1903, Panamá era un departamento de Colombia. Cultural y lingüísticamente, sin embargo, Panamá es un país muy caribeño. El toque caribeño quizá venga de que, al igual que las islas caribeñas y las Islas Canarias en España, Panamá ha sido, por su estrechez geográfica y más recientemente por su canal, un lugar de paso para el comercio.

A nivel lingüístico, lo primero que notaremos del español caribeño es que posee muchos rasgos en común con Andalucía (y las Islas Canarias). Esto se debe a que estas regiones americanas tuvieron mucho contacto con Andalucía durante la época colonial. Cuando los españoles iban de España a América, estos debían hacer paradas en ciertos lugares que estaban en la ruta para descargar, abastecerse de alimentos o descansar. Así que los puntos de parada y de periodos de estadía, que no eran cortos, de los viajeros eran Andalucía, las Islas Canarias y el Caribe.

Por eso no sorprende que estos lugares hayan desarrollado un español con rasgos tan similares, dado el frecuente contacto que tuvieron. También es importante decir que esta región recibió mucha inmigración española durante siglo XX.

Otro punto importante de la historia y demografía caribeña es el elemento africano. La influencia africana es más fuerte en la República Dominicana, seguida por Puerto Rico, Cuba y Panamá. A diferencia de otros territorios americanos, donde la presencia de los pueblos indígenas perdura hasta nuestros tiempos, en el Caribe el elemento indígena desapareció rápidamente durante la colonia. La excepción es Panamá, donde a pesar de tener una cultura con mucha presencia africana, existe también un porcentaje significativo de pueblos indígenas que todavía viven en su manera más autóctona, relativamente alejados de la cultura occidental. Para más información sobre el español caribeño, recomendamos Blanco (1982), Corchado Robles (2010), Cuza (2017), Dauphinais Civitello (2014), Gutiérrez Maté (2013), Klaes (2011), Sánchez Arroba (2013), Sobrino Triana (2017) y Uber (2000).

Ficha sobre Cuba

Nombre oficial: República de Cuba
Población: 11 059 062 (2020)
Presidente del gobierno: Miguel Díaz Canel (2020)
Moneda: Peso cubano (CUP) y peso cubano convertible (CUC)
Capital: La Habana
Ciudades principales: Santiago de Cuba, Camagüey, Holguín
División territorial: Provincias
Personajes famosos: Silvio Rodríguez, Celia Cruz, Omara Portuondo, Pablo Milanés, Benny Moré, Buena Vista Social Club
Comida típica: Ropa vieja, lechón asado, sándwich cubano, daiquirí, mojito, cubalibre

Ficha sobre República Dominicana

Nombre oficial: República Dominicana
Población: 10 499 707 (2020)
Presidente del gobierno: Danilo Medina (2020)
Moneda: Peso
Capital: Santo Domingo

Ciudades principales: Santiago de los Caballeros, Puerto Plata, San Cristóbal
División territorial: Provincias
Personajes famosos: Juan Luis Guerra, Romeo Santos, Charytín, Oscar de la Renta, Sammy Sosa
Comida típica: Sancocho, mangú, habichuelas guisadas, tostones, yaniqueques

Ficha sobre Puerto Rico

Nombre oficial: Estado Libre Asociado de Puerto Rico
Población: 3 189 068 (2020)
Gobernadora: Wanda Vázquez Garced (2020)
Moneda: Dólar estadounidense
Capital. San Juan
Ciudades principales: Bayamón, Carolina, Ponce, Caguas
División territorial: Municipios
Personajes famosos: Chayanne, Ricky Martin, Luis Fonsi, Ednita Nazario, Daddy Yankee
Comida típica: Arroz con habichuelas, mofongo, tostones, alcapurria, bacalaítos

Ficha sobre Panamá

Nombre oficial: República de Panamá
Población: 3 894 082 (2020)
Presidente del gobierno: Laurentino Cortizo (2020)
Moneda: Dólar estadounidense
Capital: Ciudad de Panamá
Ciudades principales: Santiago de Veraguas, Colón, David
División territorial: Provincias
Personajes famosos: Rubén Blades, Mariano Rivera, Erika Ender, Joey Montana
Comida típica: Sancocho, tostones, ropa vieja, carimañolas, guacho de rabito

El español del Caribe: Fonética

- Aspiración y elisión de [s] final de sílaba. *Este* = [ehte]. En la República Dominicana la elisión es más frecuente que la aspiración. Recordemos que cuando se omite [s] se suele alargar la vocal: *hasta* [a:ta]. Es un fenómeno en variación.

- Aspiración de [x] como [h]. *José* [xose] = [hose].
- Velarización de [n] final de palabra [ŋ]. Para más detalles, mirar la sección de Andalucía, en el capítulo 4.
- Las letras *ll*/*y* tienden a pronunciarse con más fuerza al inicio de palabra, casi africadas, como la *j* del inglés en *Joy*. Yo = [dʒo]. Suele haber variación con [ʝ].
- Elisión de [d] intervocálica, especialmente en -ado, aunque se puede oír en otros contextos intervocálicos como en *todo* = [to:]. Es un fenómeno en variación.
- [β] y [ɣ] intervocálicas son muy débiles, es decir, que la oclusión es casi nula. *Andaba*: [andaβa] = [andaᵝa].
- Geminación de las consonantes obstruyentes [p], [t], [k], [b], [d], [k], [β], [ð], [ɣ], [f], [s], [x] después de [l] o [ɾ]. Este fenómeno consiste en elidir [l] o [ɾ] y duplicar el sonido posterior: *oportunidad* [opottuniðað], *algo* [aggo], *parte* [patte], *perder* [pedder]. Nótese que cuando se hace la geminación de los sonidos fricativos [β], [ð], [ɣ], estos se pronuncian oclusivamente, es decir como [b], [d], [g]. La geminación es más frecuente en la República Dominicana, mientras que en Cuba y Puerto Rico suele darse más entre los estratos sociales bajos o entre los jóvenes. Es un fenómeno en variación.
- Suele haber pérdida de [ɾ] y [l] al final de oración. Es más frecuente en la República Dominicana. Es un fenómeno en variación.
- Neutralización de [l] y [ɾ], es decir, confundir ambos sonidos en posición final de sílaba. Al ser al final de sílaba, esto significa que no sucede en las sílabas *ra, re, ri, ro, ru*. En Puerto Rico, la laterización, o sea, el uso de [l] en vez de [ɾ] al final de sílaba, está muy extendida en casi todos los niveles sociales: *Puerto* = [puelto], *comer* [komel]. Este rasgo es, quizás, para el mundo hispano, el más notable del habla de los puertorriqueños. En Cuba se suele escuchar mucho entre los jóvenes. En la República Dominicana y Panamá, la neutralización es más frecuente entre los estratos sociales bajos.
- En Puerto Rico es común, aunque solo en algunas regiones, la pronunciación de [r] múltiple como velar o uvular [X] al inicio de sílaba. *Ropa* = [Xopa]. Esto no sucede con erre simple y tampoco al final de sílaba. En Cuba, por su parte, es posible escuchar una pronunciación más cercana a [hr] entre hablantes de estratos sociales bajos: *ropa* [hropa]. Es un fenómeno en variación.
- Debilitamiento de [tʃ], es decir, [tʃ] se pronuncia como [ʃ], por ejemplo, *chico* [ʃiko]. Parece ser menos frecuente que en Andalucía.

El español del Caribe: rasgos morfosintácticos

- Uso redundante de pronombres personales. En español, por lo general, se suele omitir el pronombre personal ya que esta información está implícita en la conjugación verbal: *Creo que no quieres ir al parque* (se entiende que el sujeto de "quieres" es *tú*). Sin embargo, es común que en el español caribeño se utilice el pronombre personal de manera redundante: *Creo que tú no quieres ir al parque*. Una explicación al origen de esta tendencia es que la omisión de [s] final provoca ambigüedad de quién es el sujeto. Por ejemplo, en *tiene dolor de cabeza* podríamos estar hablando de varios sujetos: *ella tiene dolor de cabeza, él tiene dolor de cabeza, usted tiene dolor de cabeza* e incluso *tú tiene(s) dolor de cabeza*. Se cree que de aquí se pudo haber extendido el uso redundante a los otros pronombres, aunque parece que este fenómeno es más frecuente con los pronombres *yo, tú* y *usted*.
- Preguntas sin inversión de sujeto. Si queremos mencionar el sujeto de una pregunta, lo típico en español es que lo pongamos después del verbo. Por ejemplo: *¿Qué quieres tú?* Sin embargo, en el español caribeño es común no hacer este trueque y dejar el sujeto antes del verbo: *¿Qué tú quieres?*
- Estructura preposición + pronombre personal + infinitivo en oraciones que necesitan subjuntivo. Es más frecuente con la preposición "para", pero se pueden oír casos con "antes de", "después de" y otras preposiciones: *Para yo entender este tema* (para que yo entienda este tema).

Vocabulario típico de Cuba

- **¡Ache pa ti!** ¡Mucha suerte!
- **¡Ño!** Expresión de sorpresa.
- **¡Qué cosa más grande!** Expresión de mucha admiración o sorpresa.
- **Asere, ¿qué bolá?** Saludo informal.
- **Chico/a.** Se usa para dirigirse a otra persona, generalmente de confianza. *Oye chico, ¿vamos a la playa hoy?*
- **Fajarse.** Pelearse.
- **Guagua.** Autobús. *Esa guagua siempre va muy despacio.*
- **Guajiro/a.** Campesino/a.
- **Hacer la media.** Acompañar. *Hazme la media al mercado.*
- **Hacer pan.** Tener suerte, salir todo bien.
- **Tirar un zape.** Ayudar.

Vocabulario típico de la República Dominicana

- **¿Qué lo qué?** ¿Qué hay de nuevo?
- **Bolos.** Pantalones cortos.
- **Curtido/a.** De color desgastado.
- **Fría.** Cerveza.
- **Guagua.** Autobús.
- **Guandú.** Judía o frijol verde pequeño.
- **Habichuelas:** Frijoles.
- **Hacer plancha.** Dejar plantado/a.
- **Pana.** Amigo/a.
- **Tíguere.** Audaz o vivo/a sin seriedad.
- **Vaina.** Cosa. *Alcánzame esa vaina que está en la mesa.*

Vocabulario típico de Puerto Rico

- **¡Ave María!** Expresión de sorpresa.
- **¡Ay bendito!** Expresión de tristeza o decepción.
- **ATH.** ATM.
- **Bochinchero/a.** Chismoso/a.
- **Boricua.** De Puerto Rico.
- **Bregar.** Trabajar en algo, enfrentar algo, lidiar con algo.
- **Cafre.** Persona o cosa ordinaria y fea, sin educación.
- **Chavar.** Molestar.
- **Chévere.** Bien. *¡Qué chévere que vas a visitarme!*
- **China.** Naranja.
- **Dar repelillo.** Dar cosa. *Cuando veo esas noticias, me da repelillo.*
- **Embustero/a.** Mentiroso/a.
- **Enchulado/a.** Enamorado/a.
- **Espejuelos.** Gafas, lentes.
- **Gandules.** Un tipo de legumbre o guisante.
- **Habichuelas.** Frijoles.
- **Hüepa.** Expresión de alegría.
- **Jíbaro.** Persona del interior, pueblerino.
- **Mahón.** Jeans.
- **Ni pa.** Expresión para decir que no.
- **Papi chulo.** Hombre atractivo.
- **Piragua.** Helado de cono.
- **Tremendo.** Increíble. *Tremendo problema se formó en tu casa.*

Vocabulario típico de Panamá

- **¡Áyala vida!** Expresión de sorpresa o admiración.
- **¿Qué xopa?** ¿Qué tal? (informal)
- **Ahuevado/a.** Tonto/a. *Luis, eres un ahuevado.*
- **Bochinche.** Chisme.
- **Buco.** Mucho/a. *Había buco gente en la calle.*
- **Burundanga.** Chucherías.
- **Chicha.** Jugo de frutas.
- **Chiva.** Autobús pequeño.
- **Chombo/a.** De piel oscura.
- **Cocobola.** Calvo/a.
- **Fulo/a.** De piel blanca.
- **Guacho.** Plato completo de comida que contiene arroz, carne y ensalada.
- **Ofi.** Sí.
- **Pena.** Vergüenza, pudor. *Me da mucha pena hablar en público. Me pongo muy nervioso.*
- **Parking.** Reunión de amigos. *Ayer tuvimos un parking en la case de Isabella.*

Ejercicio 1. Transforma las siguientes palabras a aspiración y omisión de [s] final de sílaba.

	Aspiración	Omisión
• Oscuro		
• Máster		
• Meseros		
• Escúchame		
• Esperar		
• Estados Unidos		
• Españoles		
• Bastante azúcar		
• Corazones		
• Sabores especiales		

Ejercicio 2. Transforma las siguientes palabras a geminación. Por ejemplo: verde = ve[dd]e.

• Cartel _____

• Cultura _____

• Sirve _____

• Altura _____

• Mercado _____

• Gordura _____

• Saltar _____

• Alcanzar _____

• Parque _____

• Algo _____

Ejercicio 3. Haz la laterización de [ɾ].

• Remarcar _____

• Cuerno _____

• Decirte _____

• Roncar _____

• Hortaliza _____

• Moderno _____

• Mujer _____

• Porque _____

• Puerta _____

• Quiero ver _____

• Recoger _____

• Universo _____

Ejercicio 4. Transforma a [r] uvular.

- Arrepentirse _____
- Arropar _____
- Raíces _____
- Rareza _____
- Reciclado _____
- Recomiendo _____
- Redondo _____
- Rendimiento _____
- Residente _____
- Rico _____

Ejercicio 5. Transforma las siguientes preguntas a preguntas sin inversión de sujeto.

1. ¿Dónde estás? _____
2. ¿A quién quieres? _____
3. ¿Qué dices? _____
4. ¿Cómo te llamas? _____
5. ¿Qué comes? _____
6. ¿Qué me recomiendas? _____
7. ¿Cuándo llegas? _____
8. ¿Cómo lo quiere usted? _____
9. ¿En dónde estuviste? _____
10. ¿Qué le pusiste a la comida? _____

Ejercicio 6. Escribe un mini diálogo usando al menos 4 palabras de cada vocabulario típico caribeño descrito arriba.

- Cubano

_____

_____

_____

- Dominicano

_____

_____

_____

- Puertorriqueño

_____

_____

_____

- Panameño

_____

_____

_____

Recursos adicionales

- Para escuchar la [r] uvular puertorriqueña, te recomendamos el video _Las Gomas en Huertos Urbanos_ en https://www.youtube.com/watch?v=CIF-QPkPoehI
- Puedes escuchar varios rasgos del acento puertorriqueño en muchas canciones de estilo reguetón, por ejemplo _El tango del pecado_ de Calle 13 y _Asesina_ de Brytiago.

- Para escuchar algunos rasgos del acento dominicano, escucha la canción *Loca por su tíguere* de El Cata.
- Para escuchar el acento de los jóvenes cubanos, mira los videos del youtubero Camallerys Vlogs. Por ejemplo: *Cómo hablamos los cubanos* en https://www.youtube.com/watch?v=n2D3PuXOjts
- Otro video de un youtubero cubano que puedes ver es *Clase de Idioma Cubano* en https://www.youtube.com/watch?v=El1ZHmIZAJM
- Un video con humor en acento cubano es *Huevocartoon – Los Huevos Bongó* en https://www.youtube.com/watch?v=sDK2aJrgf24
- Video sobre el español de Panamá *¿Cómo hablamos en Panamá?* en https://www.youtube.com/watch?v=FqWwMnjHBXo
- Para escuchar más del acento panameño en música, puedes escuchar los cantantes panameños Joey Montana y Mr. Saik.
- Te recomendamos los reportajes periodísticos sobre el español caribeño en BBC Mundo (2018, 23 de enero) *¿Por qué en el Caribe muchos pronuncian la letra "r" como si fuera una "l"?* en https://www.bbc.com/mundo/noticias-42414814, El nuevo día (2014. 23 de junio) *Las erres del boricua* en https://www.elnuevodia.com/noticias/locales/nota/laserresdelboricua-1799016 y BBC News Mundo. (2019, 16 de mayo) *Las curiosas palabras del español de Panamá que reflejan la histórica presencia de EE.UU. y el Canal en el país* en https://www.bbc.com/mundo/noticias-48018759

Referencias

Blanco, I. (1982). El voseo en Cuba: Estudio sociolingüístico de una zona de la isla. *Beiträge zur Romanischen Philologie*, 21(2), 291–304.

Corchado Robles, B. (2010). *Análisis contrastivo de la estructura preposición + sujeto + infinitivo en el habla culta de la generación joven de las ciudades de San Juan, Santo Domingo y La Habana* [tesis doctoral, Universidad de Puerto Rico].

Cuza, A. (2017). *Cuban Spanish Dialectology: Variation, Contact, and Change*. Georgetown University Press.

Dauphinais Civitello, A. (2014). Variación Microdialectal: El orden de palabras en el español cubano [tesis de maestría, Universidad de Puerto Rico].

Gutiérrez Maté, M. (2013). Pronombres personales sujeto en el español del Caribe. Variación e historia [tesis doctoral, Universidad de Valladolid].

Klaes, J. (2011). ¿Constituyen las Antillas y el Caribe continental una sola zona dialectal?: Datos de la variable expresión del sujeto pronominal en San Juan de Puerto Rico y Barranquilla, Colombia. *Spanish in Context*, 8(2), 191-212.

Sánchez Arroba, M. (2013). Compensación funcional y expresión de sujeto pronominal "tú" en el español de Cuba. *Revista lengua y sociedad*, 13(1), 131-154.

Sobrino Triana, R. (2017). *Actitudes lingüísticas en el Caribe insular hispánico* [Tesis de doctorado, University of Bergen].

Uber, D. (2000). Addressing Business in Puerto Rico: Tú vs. Usted. En A. Rocha (Ed.), *Research on Spanish in the United States: Linguistics Issues and Challenges* (pp. 310–18). Somerville: Cascadilla.

CAPÍTULO 7

El español de México

Siendo uno de los países de mayor extensión del mundo hispano, y el más poblado (más de 128 millones de habitantes), no es de extrañar que México tenga numerosas variedades de español. Los dialectos mexicanos los podemos dividir en tierras altas y bajas. Sin embargo, el dialecto principal y el que influye a nivel nacional como la lengua de prestigio en todo México es el de la región central de México, un dialecto de tierras altas. Hay que aclarar que el español mexicano puede variar significativamente según el registro del hablante, la clase social, etc. Así que, al hablar del español de la región central de México, nos referimos al que se escucha en los medios de comunicación mexicanos o al que utilizan los hablantes cultos, y no necesariamente al de los habitantes de la ciudad de México (a los que se les suele llamar **chilangos**). En el caso de la ciudad de México, el habla de los estratos sociales bajos posee una entonación muy marcada y un sinnúmero de palabras coloquiales que lo hacen singular entre los mismos hablantes de México.

Aparte de ser la ciudad más grande de México (y del mundo hispano), la ciudad de México es también el corazón cultural del país, en donde están las principales cadenas de televisión, de cine, así como los grandes periódicos. Así que el dialecto del centro de México tiene una exposición enorme dentro de todo el país, e incluso sobre la mayor parte de países latinoamericanos, que son consumidores en gran potencia de sus telenovelas, películas y producciones artísticas. Artistas y personajes mexicanos como Pedro Infante, Juan Gabriel, Luis Miguel, Vicente

Fernández, Cantinflas, José José, Gloria Trevi, El Chavo del Ocho, etc., son o fueron altamente populares en todo el mundo hispano, incluyendo España. Asimismo, géneros musicales mexicanos como las rancheras, los boleros, la música de banda, el pop, etc., también han tenido mucho apogeo en todo el mundo hispano. Además, la mayoría de los doblajes de películas y programas de televisión que se hace de otras lenguas al español americano, como el de las producciones de Hollywood, son realizados, mayormente, en México. Tanto el acento mexicano usado en los medios de comunicación como el del mexicano de la calle suelen ser fácilmente reconocidos por el resto de hispanohablantes gracias a esta gran exposición del habla mexicana a través de sus telenovelas, películas, programas, música, doblajes, etc. Sin embargo, como lo hemos dicho, México posee regiones con variedades de español muy distintivas y poco conocidas no solo en el resto del mundo hispano, sino también dentro de este mismo país.

Algunos de los dialectos más representativos de México son:

- Norteño del oeste (Tijuana)
- Norteño del este (Monterrey)
- Baja California
- Occidental (Jalisco)
- Bajío o tierras bajas (Guanajuato)
- Central o tierras altas (Ciudad de México)
- Costeño (Costa del Pacífico y del Caribe)
- Yucateco (península de Yucatán)
- Chiapas. Cabe señalar que el español de Chiapas suele tener mucho en común con el español centroamericano, aunque muchos de estos rasgos, como el voseo (hablaremos de esto en las secciones de Centroamérica y Sudamérica) suelen estar estigmatizados y, probablemente, en desaparición. Más información sobre el voseo mexicano en Oseguera Velasco (2013).

Un aspecto interesante del español mexicano es que en su territorio todavía se hablan muchas lenguas indígenas. La más importante y la de mayor número de hablantes es, sin duda, el náhuatl. Durante mucho tiempo, antes y durante la época colonial, el náhuatl llegó a ser una *lingua franca* (o sea, una lengua de comunicación común entre hablantes de lenguas diferentes) en casi todo el territorio mexicano. El náhuatl también llegó a extenderse a la mayor parte de Centroamérica. Las lenguas indígenas también han influido en algunos aspectos lingüísticos del español mexicano, sobre todo a nivel léxico. Muchas ciudades, monumentos y calles mexicanas tienen nombres en náhuatl. Por nombrar algunos ejemplos: Chapultepec, Xochimilco, Nezahualcóyotl y Huixquilucan son de origen náhuatl. Más información del español mexicano en Cepeda Ruiz (2018), Martín Butragueño (2013), Moreno de Alba (2003), Serrano (2008) y Vázquez (2009).

Un dato interesante del léxico náhuatl es la palabra "México" que proviene de Mēxihco [meʃihko]. México se pronunciaba "Meshico" en la época colonial. Los españoles escribieron "México" con *x* porque en español medieval el sonido palatal de [ʃ] o *sh* se representaba con la letra *x*, como en "Quixote". Con el tiempo, el sonido [ʃ] cambió a velar [x] y se modificó la ortografía de *x* a *j* (es decir, que *Quixote* pasó a ser *Quijote*). Siguiendo esa regla, México debería haber pasado a escribirse "Méjico". En un principio fue así en algunos lugares del mundo hispano. Sin embargo, la ortografía de México con *j* no ha tenido mucho éxito, sobre todo en México donde se ha seguido prefiriendo la ortografía con *x*. Hoy en día la mayor parte del mundo hispano escribe México con *x*, aunque ya no se pronuncie [meʃiko]. Hay que notar que en el náhuatl moderno el sonido de *sh* se representa con *x*, como en el español medieval. Más sobre este tema en *¿Por qué México se escribe con X y no con J?* (Brooks, 2018).

Ficha sobre México

Nombre oficial: Estados Unidos Mexicanos
Población: 128 649 565 (2020)
Presidente del gobierno: Andrés Manuel López Obrador (2020)
Moneda: Peso
Capital: Ciudad de México
Ciudades principales: Guadalajara, Monterrey, Puebla
División territorial: Estados
Personajes famosos: Juan Gabriel, Pedro Infante, Roberto Gómez Bolaños, Cantinflas, Gael García Bernal, José Alfredo Jiménez, José José, Thalía, Verónica Castro
Comida típica: Mole, pozole, aguachile, huarache, birria, cochinita pibil, rosca de reyes, tamal

Rasgos fonéticos del centro de México

- Palabras que poseen los fonemas del náhuatl [ts] y [tl]. [ts]. *Tzintzuntzan, quetzal, Popocatépetl, náhuatl, Tláloc*. Nótese que al ser [tl] un sonido natural en algunas palabras mexicanas de relativa frecuencia, la combinación *tl* suele mantenerse junta en la silabificación: a-tlas, a-tlé-ti-co, etc. Esto no es así en España, donde *tl* se suele pronunciar separadamente: at-las, at-lé-ti-co, etc.

- Las letras *ll/y* suelen ser fuertes o africadas [dʒ] (como la j en *James*), especialmente al inicio de palabra.
- [x] velar aunque a veces puede escucharse en variación con [X] uvular.
- Mantenimiento de [ð] entre vocales como en -ado.
- Mantenimiento de [s] final de sílaba. En el centro de México no hay aspiración de [s].
- Reducción de vocales inacentuadas al final de palabra, especialmente [e] y [o], en contacto con [s] y a veces con otras consonantes. Por lo general, o se omite la vocal o se pronuncia levemente como un schwa [ə]. Es un fenómeno en variación: *cantes* = [kantəs] o [kants], *vamos* = [baməs] o [bams], *disparates* = [dispaɾatəs] o [dispaɾats], *muchas* = [mutʃəs] o [mutʃs], *pues* = [ps].
- **Asibilación de [ɾ] simple** al final de sílaba [r̝]. Se trata de una erre con mucha fricción, sonando como si fuera "rsh". Esta pronunciación no es general de todos los hablantes de México, sino más bien solo es frecuente en algunas personas y no siempre de manera consistente. Se da en variación con la erre estándar. También es posible, aunque con menos frecuencia, hacer una erre aproximante alveolar sonora [ɹ] (un sonido similar a la erre del inglés). Ejemplo: *salir* [salir̝], [saliɹ].
- [r] múltiple puede ser asibilada [r̝] (como en la erre simple final), fricativa alveolar sonora [ʒ] (como la *s* de *measure* en inglés) o aproximante alveolar sonora (parecida a la erre del inglés). Ejemplo: *rico* [r̝iko], [ʒiko], [ɹiko]. Estas pronunciaciones son menos frecuentes.

Rasgos morfosintácticos de México

- Expresiones con la terminación -le, especialmente en los imperativos (*ándale, córrale, órale, buénale*, etc.). *¡Órale!: Una palabra española que se usa en México para expresar (casi) todo* (El País Verne, 2019).
- Uso de la estructura "entre más / menos … más / menos" en vez de "mientras más / menos … más / menos". *Entre más dinero ganes, más posibilidades de comprar el coche tienes. Entre menos hables, mejor, así no metes la pata.*
- Uso de *hasta* para indicar el inicio de algo. *Abierto hasta las 9 a.m.* (no abrimos hasta las 9 a.m.).
- Posesivo redundante en la tercera persona. *Su casa de ella* (en vez de *la casa de ella*). Ver Company Company (2017).
- Uso de diminutivos para indicar cortesía (*cafecito, unos frijolitos*, etc.).
- Uso de *sí* al inicio de oraciones interrogativas para indicar cortesía. *¿Sí vienes conmigo? ¿Sí te sirvo más café?*
- Influencia de la lengua náhuatl en el léxico. Ejemplos: *Atole, guacamole.*

Algunos rasgos lingüísticos de otras variedades mexicanas

- México noroeste: La aspiración de [s] final y a veces el ceceo son frecuentes en zonas rurales, pero suelen estar estigmatizados.
- Yucatán: [n] final es a veces [m] o velar, pero no sistemáticamente, las letras *ll/y* son débiles (pueden sonar como una semivocal), [x] es aspirada ([h]).
- Veracruz, Tabasco y Acapulco: [n] velar, [s] aspirada más entre las clases bajas, [x] es aspirada ([h]), [r] final en infinitivos se puede perder en los estratos sociales bajos.
- Chiapas: Voseo (hablaremos del voseo en la sección de Centroamérica).

Vocabulario típico de México

- **¡Guácala!** Expresión de asco o disgusto. También se usa en muchas partes de América. *¡Guácala! Esa comida estaba horrible.*
- **¡No manches!** Para nada, de ninguna manera. *¿Quieres que trabaje gratis para ti? ¡No manches!*
- **¡No mames!** Para nada, de ninguna manera (malsonante).
- **¿A poco?** ¿De verdad? ¿No me digas? *¿A poco te gusta la música de Pedro Infante?*
- **¿Bueno?** Contestación al responder el teléfono.
- **¿Cómo la ves?** ¿Qué te parece? ¿Qué piensas de ello?
- **¿Mande?** ¿Cómo? ¿Qué? ¿Diga? (forma de responder cuando te piden o dicen algo).
- **Ahorita.** En un momento, luego (indefinido, según el contexto). Ver Coppel (2017).
- **Alcoba.** Dormitorio.
- **Alberca.** Piscina.
- **Ándale.** Está bien, de acuerdo.
- **Botana.** Aperitivo.
- **Chamaco/a.** Chico/a (informal).
- **Chamba.** Trabajo (informal).
- **Camión.** Autobús.
- **Cañón (estar cañón).** Magnífico, difícil.
- **Chavo/a.** Chico/a (informal).
- **Chela.** Cerveza.
- **Chido/a.** Bonito/a, bien, agradable (informal). *Todo estuvo bien chido. Me gustó.*

- **Chilango/a.** Persona de la ciudad de México.
- **Chingar.** Fastidiar, molestar (malsonante, con más significados).
- **Colonia.** Barrio.
- **Encuerado/a.** Desnudo/a.
- **Fresa.** Persona a quien le gusta presumir que tiene dinero con su forma de hablar o vestir. *No seas fresa y tomemos el autobús.*
- **Gacho.** Mal, malo. *Qué gacho que no pudiste venir.*
- **Güero/a.** Rubio/a.
- **Güey.** Amigo, tonto/a. *¿Qué ondas? Güey.*
- **Haz de cuenta (que).** Imagínate, supone. *Era un profe muy extraño. Haz de cuenta que les pedía a los estudiantes que aplaudieran cada 5 minutos.*
- **Jitomate.** Tomate.
- **Madre.** Se usa en numerosas expresiones que pueden ser malsonantes: *a toda madre* = excelente; *dar a alguien en la madre* = golpear, dañar, ofender gravemente; *estar hasta la madre* = estar harto, *tu madre* = vete al infierno, etc.
- **Malinchista.** Persona que prefiere lo extranjero y no lo nacional.
- **Naco/a.** De modales rústicos, feo/a, mal vestido/a, sin educación (suele ser despectivo). *No vayas a esa colonia. Solo gente naca vive allí.*
- **Neta.** Verdad (informal). *Te estoy diciendo la neta. Nunca te puse los cuernos.*
- **Nevera.** Refrigerador.
- **Órale.** Está bien (Ver Rodríguez, 2019).
- **Onda.** Cosa (informal). *¿Qué onda?*: ¿Qué tal? *¡Qué buena onda!*: ¡Qué bien! *¡Qué mala onda!*: ¡Qué mal!
- **Padre.** Bonito/a, bien, agradable. *La fiesta estuvo bien padre.*
- **Pantalones de mezclilla.** Jeans.
- **Pedo.** Situación conflictiva (malsonante). *¿Qué pedo?*: ¿Qué tal? *¡Qué pedo!* ¡Qué mal!
- **Pena.** Vergüenza, pudor. *Me da mucha pena hablar en público. Me pongo muy nervioso.*
- **Pendejo/a.** Idiota, tonto/a (malsonante). *¡Cállate pendejo!*
- **Picoso/a.** Picante.
- **Pinche.** Adjetivo para describir algo insignificante (malsonante). *¡Pinche perro! Me mordió.*
- **Platicar.** Conversar.
- **Popote.** Pajilla, pajita (para beber). *No bebas el refresco con popote porque contaminas el medioambiente.*
- **Preparatoria.** Bachillerato (grados de la escuela secundaria antes de entrar a la universidad).

- **Rastrillo.** Máquina de afeitar.
- **Rola.** Canción (informal). *Me encanta esa rola de Timbiriche.*

Ejercicio 1. Responde.

1. ¿Qué tipo de español se habla en el centro de México? ¿Tierras altas o bajas?
2. ¿Cómo se les suele llamar a las personas de la ciudad de México?
3. ¿Por qué el español del centro de México es muy reconocido en el resto del mundo hispano?
4. ¿Qué lengua indígena tiene muchos hablantes en México? ¿Qué se quiere decir con que era *lingua franca*?
5. ¿Por qué "México" se escribe con *x* y no con *j*?
6. ¿Qué pasa con la separación silábica de *tl* en el español mexicano?

Ejercicio 2. Observa la siguiente lista de palabras náhuatl. ¿Cuál crees que es su traducción en español moderno? ¿Cómo se dicen en inglés? Recuerda que la letra *x* se pronuncia como *sh*.

- Auakamoli
- Auakatli
- Chiktli
- Chili
- Chilpoktli
- Koyotl
- Tlalkakauatl
- Xitomatl
- Xokoatl

Ejercicio 3. Reduce las vocales en contacto con *s* en los siguientes ejemplos.

- Saludos
- Chiquitos
- Ustedes
- Muñecos
- Entonces
- ¿Qué bebes?
- ¿Sabes qué?
- ¡No manches!
- Buenas noches
- ¿Qué tienes que ver?

Ejercicio 4. Pronuncia las erres de los siguientes ejemplos con asibilación.

- Salir
- Tener
- Refrito
- Recuperar
- A la par
- Al parecer
- Repleto
- Rarísimo
- Requetemal
- Regresar

Ejercicio 5. Agrega -le a los siguientes ejemplos. Recuerda ponerles el acento donde corresponda.

- ¡Come!
- ¡Sigue!
- ¡Mueve!
- ¡Salta!
- ¡Sopla!
- ¡Choca!
- ¡Agarra!
- ¡Demos!
- ¡Apura!
- ¡Hijo!

Ejercicio 6. Forma oraciones usando la estructura "entre más / menos ..." con las siguientes oraciones. Ejemplo. Hacer más dinero: *Entre más dinero haga, mejor.*

- Estudiar más tiempo.
- Hacer más ejercicio.
- Viajar más con mis amigos.
- Dormir menos horas.
- Jugar menos a los videojuegos.

Ejercicio 7. Transforma las siguientes oraciones con el *hasta* mexicano al *hasta* del español "estándar".

- Se fue hasta tipo 8.

- La película empieza hasta las 10 de la noche.

- Vamos a ir hasta el desayuno.

- El examen empezó hasta las 4 p.m.

- Prefiero que vengas hasta las 5 p.m.

- Abrimos hasta las 9 a.m.

- Quiero verte hasta mañana.

- Venga hasta después del almuerzo.

Ejercicio 8. Transforma las siguientes oraciones al uso de posesivo redundante.

- El celular de Carlos.
- La mochila de los niños.
- Los amigos de mis padres.
- Las maletas de Sofía.
- El coche de ellos.

Ejercicio 9. Escribe 3 preguntas de cortesía usando un diminutivo. Por ejemplo: *¿Quieres un cafecito?*

- _____

- _____

- _____

Ejercicio 10. Escribe una escena dramática de una telenovela mexicana. Usa al menos 10 palabras de la lista de palabras típicas de México, además de algunas estructuras morfosintácticas del dialecto del centro de México, como la terminación -le y el posesivo redundante.

_____

_____

_____

_____

_____

_____

_____

_____

Recursos adicionales

- ¿Quieres saber cómo suena el náhuatl? Busca la canción *Icnocuicatl* de Lila Downs.
- El diálogo por teléfono al inicio de la canción *Yo no sé si es amor* del grupo musical Timbiriche es un buen ejemplo de la entonanción mexicana y del acortamiento de vocales en la palabra "pues". Igualmente, puedes escuchar más acentos mexicanos con los videos de los youtuberos mexicanos más famosos, por ejemplo, Werevertumorro, Luisito Comunica, Yuya.
- Para escuchar ejemplos del acortamiento de vocales, busca entrevistas con la artista mexicana Lucero, por ejemplo, *Lucero llenó de luz La Caja de Pandora* en https://www.youtube.com/watch?v=O6_qTXmKCH0
- Para escuchar la erre asibilada, busca videos de la presentadora mexicana de recetas de cocina Paulina Abascal o de Rebeca Jones, por ejemplo, https://youtu.be/b89E9_u4Q8w?t=129
- Para escuchar el acento del norte de México (Monterrey), te recomendamos ver el video viral de YouTube *La caída de Edgar*.

Referencias

Brooks, D. (2018, 3 de septiembre). *¿Por qué México se escribe con X y no con J?* https://www.bbc.com/mundo/noticias-45176624

Company Company, C. (2017). Frases nominales sobrespecificadas encabezadas por un posesivo átono. Su casa de Juan, su casa que tiene Juan. En C. Company y N. Huerta (eds.), *La posesión en la lengua española* (pp. 133-176). Madrid: Consejo Superior de Investigaciones Científicas.

Coppel, E. (2017, 25 de mayo). *Ahorita te contamos por qué los mexicanos respondemos a todo con 'ahorita'.* https://verne.elpais.com/verne/2017/05/24/mexico/1495662922_144731.html

Martín Butragueño, P. (2013). *Fonología variable del español de México*. El Colegio de México.

Moreno de Alba, J. (2003). *La lengua española en México*. Fondo de Cultura Económica.

Oseguera Velasco, A. (2013). *¿Y diay pue vos?: Aproximación sociolingüística al voseo en Tuxtla Gutiérrez, Chiapas* [tesis de licenciatura, Escuela Nacional de Antropología e Historia, México].

Rodríguez, D. (2019, 23 de junio). *¡Órale!: Una palabra española que se usa en México para expresar (casi) todo.* https://verne.elpais.com/verne/2019/06/21/mexico/1561089730_486865.html

Serrano, J. (2008). Habla sonorense en la ciudad de México: procesos de variación y cambio lingüístico. En E. Mendoza Guerrero, M. López Berríos, & I. Moreno Rojas (Eds), *Estudios lingüísticos y literarios del Noroeste de México. Vol. 1: Estudios lingüísticos* (pp. 49-76). Universidad Autónoma de Sinaloa.

Vázquez, A. (2009). The Use of Tú and Usted in Mexican Compadrazgo Relationships: A case study. *Estro: Essex Students Research Online*, 1(1), 58-68.

El español de Centroamérica

Cuando hablamos del español de Centroamérica, nos referimos a Guatemala, Honduras, El Salvador, Nicaragua y Costa Rica. Aunque hoy en día Panamá se considera parte de Centroamérica, histórica y lingüísticamente, es un país muy diferente, como lo vimos al hablar del español caribeño. Belice también está geográficamente en Centroamérica y su población está dividida entre hablantes de español e inglés criollo. Su lengua oficial es el inglés. Belice ha sido siempre reclamado por Guatemala. Al igual que Panamá, Belice es un país culturalmente muy diferente del resto de Centroamérica.

Los cinco países en cuestión fueron parte durante la época colonial de la Capitanía General de Guatemala. Estuvieron unidos durante muchos eventos, incluyendo la independencia de España y la conformación de los cinco países como una sola república, las Provincias Unidas de Centroamérica (1823–1841), luego de la independencia de España. Muchos centroamericanos todavía sueñan con que Centroamérica sea de nuevo algún día una sola nación. Este fue el sueño de **Francisco Morazán**, quien llegó a ser presidente de la República Centroamericana y quien luchó por esta unión. En la actualidad, los países centroamericanos poseen un parlamento de diputados donde se abordan temas de la región. Algunos países como Guatemala y El Salvador permiten el paso libre entre sus ciudadanos, además de tener tratados de comercio.

Algo interesante de Centroamérica es que los habitantes de cada país tienen un apodo. A alguien de Guatemala se le llama "chapín" o "chapina", de El Salvador "guanaco" o "guanaca", de Honduras "catracho" o "catracha", de Nicaragua "nica" y de Costa Rica "tico" o "tica". La mayoría de Centroamericanos suelen llamarse "hermanos" entre sí. Por ejemplo, un guatemalteco puede referirse de los hondureños como los "hermanos hondureños" o de Honduras como "la hermana República de Honduras". Así que, a pesar de ser repúblicas independientes, en general existe un sentimiento de hermandad centroamericana.

En cuanto a demografía, Guatemala es el país que más población indígena tiene. La población guatemalteca suele dividirse entre indígena (casi la mitad) y ladina (mestiza). En su pequeña franja costera del Caribe posee también poblaciones de origen africano (Garzón, 1998). Guatemala tiene la mayor cantidad de hablantes de lenguas indígenas de Centroamérica. Además del español, se hablan 23 lenguas (21 de ellas de origen maya, una xinca y una garífuna). La mayoría de hablantes de estas lenguas son bilingües, aunque una pequeña minoría es todavía monolingüe en su lengua maya. Geográficamente, Guatemala es sumamente montañoso y volcánico. La mayoría de ciudades están sobre el altiplano, haciendo que varias de las ciudades más pobladas tengan climas relativamente fríos, como Quetzaltenango, cuya temperatura durante las noches puede llegar a bajar a los cero grados (32 Fahrenheit).

Costa Rica, por su parte, está conformada mayormente por grupos de mestizos y blancos. Igualmente posee poblaciones de origen africano en sus costas caribeñas. Este país suele tener los mejores índices de desarrollo social en la región, especialmente en cuanto a educación y salud. Esto hace que muchos costarricenses se sientan muy orgullosos de su identidad y que muchos prefieran no asociarse con Centroamérica. Asimismo, Costa Rica es un país sin ejército, algo por lo que también los ticos están muy orgullosos. Geográficamente es un país muy montañoso, con algunos volcanes. Sobresale a nivel internacional por su riqueza ecológica.

Los otros tres países (El Salvador, Honduras y Nicaragua) tienen una población mayormente mestiza. Los tres son muy montañosos, aunque con altitudes menores a las de Guatemala y Costa Rica. Honduras y Nicaragua destacan por tener poblaciones de origen africano en sus costas caribeñas, entre ellos garífunas y misquitos. Las costas caribeñas hondureñas poseen un destacado desarrollo turístico, especialmente la zona de las islas de Roatán.

Quizás los dos países más unidos y con más relación comercial sean Guatemala y El Salvador, a pesar de ser dos mundos opuestos (geográfica, cultural y lingüísticamente). Posiblemente se deba a su cercanía, ya que ambos tienen su capital a solo una hora y media, en coche, de sus respectivas fronteras. Por otro lado, Guatemala, El Salvador y Nicaragua no solo poseen los volcanes más espectaculares y activos de la región, sino la mayor cantidad de estos (enfilados de uno en uno muy cerca de sus costas en el Pacífico). Los tres países también poseen hermosos lagos y lagunas, la mayoría de origen volcánico, lo que los hace tener paisajes de ensueño. El Salvador es el único país de Centroamérica sin costas en el Caribe y, por lo tanto, el único sin herencia africana en la región.

A diferencia del Caribe, donde se puede hablar del dialecto caribeño (con sus respectivas variaciones), Centroamérica no posee un dialecto que se pueda identificar como el dialecto centroamericano. Sin embargo, sí podemos hacer algunas generalizaciones. A nivel fonético, podemos decir que hay dos dialectos, uno que corresponde a las tierras altas y el otro a las bajas. Por un lado, Guatemala y Costa Rica (al menos sus regiones centrales, donde se encuentran sus respectivas capitales) poseen el mantenimiento de [s], un rasgo típico de las tierras altas. Como dijimos antes, Guatemala y San José se encuentran en altiplanos, con climas, relativamente, frescos y primaverales. Por otro lado, San Salvador (El Salvador), Tegucigalpa (Honduras) y Managua (Nicaragua) se encuentran a menor altitud y poseen dialectos con rasgos similares a los de tierras bajas o costeños, con la aspiración de [s] al final de sílaba. Los dialectos salvadoreño y hondureño son quizás los más parecidos entre sí en cuanto a rasgos lingüísticos y entonación, casi imposible de distinguirlos, mientras que el español de Nicaragua se distingue de El Salvador y Honduras por su entonación y la omisión de [s] final.

Hay otros rasgos fonéticos que prevalecen en toda Centroamérica que mencionaremos más adelante. A nivel léxico, también subsisten algunas palabras por toda la región, pero al mismo tiempo podríamos hablar de términos que varían de país en país. Un rasgo morfológico que sí tienen los cinco países en común es el voseo. Hablaremos de este fenómeno más adelante.

Un error común de muchos dialectólogos hispanos es enfrascar el español centroamericano como parte del mexicano. Si bien Guatemala y Costa Rica podrían tener algunas características fonéticas comunes con el español del centro de México, la verdad es que las diferencias también son abismales (como veremos cuando comparemos los rasgos lingüísticos centroamericanos). La diferencia más obvia es quizá la entonación mexicana, muy diferente de cada una de las centroamericanas. Más información sobre el español centroamericano en Brogan (2020), Henríquez (2001), Lipski (1986, 2006), Quesada Pacheco (2010, 2013), Quintanilla-Aguilar (2012), Ramsburg (2020) y Rodríguez Prieto (2008).

Ficha sobre Guatemala

Nombre oficial: República de Guatemala
Población: 17 153 288 (2020)
Presidente del gobierno: Alejandro Giammattei (2020)

Moneda: Quetzal
Capital: Ciudad de Guatemala
Ciudades principales: Quetzaltenango, Antigua, Cobán, Mixco
División territorial: Departamentos
Personajes famosos: Miguel Ángel Asturias, Ricardo Arjona, Harris Whitbeck Jr.
Comida típica: Fiambre, shucos, tamales, chuchitos, pepián

Ficha sobre El Salvador

Nombre oficial: República de El Salvador
Población: 6 481 102 (2020)
Presidente del gobierno: Nayib Bukele (2020)
Moneda: Dólar estadounidense, Bitcoin
Capital: San Salvador
Ciudades principales: Santa Ana, San Miguel, Soyapango, Santa Tecla
División territorial: Departamentos
Personajes famosos: Álvaro Torres, Jorge "El Mágico" Gonzáles, Monseñor Oscar Arnulfo Romero, Consuelo de Saint Exupéry
Comida típica: Pupusas, loroco, yuca frita, tamales, atol de elote, chocolate (en tablilla), horchata de morro

Ficha sobre Honduras

Nombre oficial: República de Honduras
Población: 9 235 340 (2020)
Presidente del gobierno: Juan Orlando Hernández (2020)
Moneda: Lempira
Capital: Tegucigalpa
Ciudades principales: San Pedro Sula, La Ceiba, El Progreso
División territorial: Departamentos
Personajes famosos: Francisco Morazán, Neida Sandoval
Comida típica: Baleadas, tamales, catrachas, yuca con chicharrón, sopa de caracol

Ficha sobre Nicaragua

Nombre oficial: República de Nicaragua
Población: 6 203 441(2020)

Presidente del gobierno: Daniel Ortega (2020)
Moneda: Córdoba
Capital: Managua
Ciudades principales: León, Masaya, Granada
División territorial: Departamentos
Personajes famosos: Rubén Darío, Luis Enrique, Carlos Mejía Godoy
Comida típica: Gallo pinto, vigorón, nacatamal, vaho, ron de caña

Ficha sobre Costa Rica

Nombre oficial: República de Costa Rica
Población: 5 097 988 (2020)
Presidente del gobierno: Carlos Alvarado Quesada (2020)
Moneda: Colón
Capital: San José
Ciudades principales: Alajuela, Cartago, Heredia
División territorial: Provincias
Personajes famosos: Keylor Navas, Maribel Guardia, Franklin Chang
Comida típica: Gallo pinto, casado, tamales, chifrijo, olla de carne

Rasgos morfosintácticos de Centroamérica: el voseo

Cuando en español utilizamos *tú* para dirigirnos con confianza a otra persona (como en España y El Caribe) lo llamamos **tuteo**. En cambio, cuando en vez de *tú* usamos *vos* estamos hablando de **voseo**. Así que con el voseo en vez de decir *tú viviste en Madrid* se diría *vos viviste en Madrid*. El uso del voseo está extendido en los cinco países centroamericanos, aunque su uso puede tener ciertos matices sociolingüísticos en cada uno de ellos.

El voseo lleva mucho tiempo en el español. Como vimos anteriormente, en el español del siglo XV, *vos* se usaba para dirigirse a una o varias personas. Sin embargo, su uso se remonta al latín, donde era el plural de *tú*. Es decir, en latín se usaba *tu* para el singular y *vos* para el plural. Luego, *vos* pasó a usarse como forma singular de reverencia y respeto, y con el tiempo, también comenzó a usarse con personas de confianza. Cuando los españoles llegaron a América, el voseo aún tenía cierto apogeo. Esto significa que en un principio posiblemente todo el continente americano usaba *vos*. Sin embargo, fue durante esta época que *vos* y *tú* comenzaron a competir como pronombres para dirigirse a alguien de confianza. En España *vos* terminó siendo considerado vulgar, lo que dio lugar a que *tú* volviera a reinar como pronombre de confianza (quedando *vos* obsoleto). En América, por su parte, la competencia entre *tú* y *vos* tuvo resultados diferentes según la región. Aquellas regiones que tuvieron mucho contacto con España terminaron adoptando el tuteo y aquellas que tenían menos contacto el voseo. Hemos visto que las islas del Caribe y México tutean. Algunos estados de México, cercanos a la frontera con Centroamérica, usan el voseo, pero su uso parece estar en competición con el tuteo que reina en la mayor parte del territorio mexicano.

Es importante distinguir el voseo moderno del voseo medieval. El voseo medieval, el de reverencia, poseía conjugaciones verbales similares a las del *vosotros* moderno. Es decir, se decía *vos sois*. De hecho, el pronombre *vosotros* que se usa hoy en día en España es el resultado de *vos* y *otros*. Muchos hablantes de regiones donde no se usa el voseo suelen confundir el voseo moderno con el *vos* medieval (el de reverencia) o con el uso de *vosotros* de España. No obstante, el voseo centroamericano no tiene el mismo significado que el del voseo antiguo, ya que se usa para dirigirse a alguien con confianza, ni el de *vosotros* en España, pues se usa para el singular. Es más, como veremos más adelante, sus conjugaciones verbales también difieren de las del voseo medieval y de las de *vosotros*.

En la actualidad, el voseo es general en el habla espontánea familiar en todos los países centroamericanos, pero las actitudes y los contextos de uso varían de país en país. En Nicaragua y Costa Rica es donde su uso es más aceptado en cualquier contexto, incluso en la publicidad y medios de comunicación. En Costa Rica incluso se enseña en la escuela, mientras que en el resto de países se suele enseñar el tuteo, a pesar de que este casi nunca se utiliza en el habla familiar. Quizá las **actitudes** positivas hacia el voseo en Costa Rica se deban a que los costarricenses suelen tener un sentimiento de identidad y orgullo nacional muy fuerte. Hay que añadir que en Costa Rica también encontramos otro fenómeno que compite con el voseo que es el **ustedeo** o el uso de *usted* para dirigirse a alguien de manera familiar. En Guatemala, por otro lado, muchas personas consideran el voseo vulgar o lo asocian con el habla de los indígenas, así que intentan usar el tuteo cuando pueden, aunque en el habla espontánea siga prevaleciendo el voseo. En países como El Salvador, las actitudes hacia el tuteo y el voseo suelen ser positivas hacia ambos y la competición es más evidente en los medios de comunicación. En Costa Rica, por su parte, muchos hablantes se oponen al uso de *tú* ya que lo consideran foráneo y se enaltece el uso de *vos* o de *usted*.

La enseñanza del tuteo en la escuela ha hecho que la mayoría de centroamericanos piensen que el tuteo sea una forma de hablar cortés y educada. Generalmente, cuando se dirigen a extranjeros intentan utilizar el tuteo, aunque solo sea por unos minutos, ya que al no ser de uso espontáneo y natural les resulta difícil dominarlo al 100 %. Igualmente sucede en los medios de comunicación. A veces un entrevistador empieza tratando a sus invitados de *tú* y conforme la entrevista se va volviendo más relajada, estos cambian al voseo paulatinamente.

Podríamos resumir el sistema pronominal de segunda persona centroamericano de la siguiente manera:

Vos	Familiar.
Usted	Formal o hacia mayores (en Costa Rica también puede ser familiar).
Ustedes	Plural de *vos* y *usted*.
Tú:	Se enseña en la escuela y se usa, en variación con el voseo, en la publicidad y medios de comunicación (excepto en Costa Rica donde sobresale el uso de *vos* en estos contextos). Se usa muy poco en el habla espontánea. Se suele asociar con el habla educada, aunque muy pocos centroamericanos lo pueden usar correctamente al 100 %.

La conjugación del voseo

La conjugación verbal del voseo centroamericano difiere de la del tuteo en el **presente indicativo, el imperativo y el subjuntivo presente**. En el resto de tiempos, el voseo usa las mismas conjugaciones que el tuteo.

> Tú hablaste = Vos hablaste
> Tú eras = Vos eras
> Tú irás = Vos irás

Hay que notar que, como es normal en español, el uso explícito de los pronombres personales no es obligatorio cada vez que conjuguemos un verbo, dado que la información del sujeto ya está implícita en la conjugación verbal. Así que, con el voseo, al igual que con el tuteo y los demás pronombres personales, no es necesario repetir la palabra *vos* todo el tiempo. Simplemente diríamos *tenías mucho miedo, llegaste tarde, sos muy buena gente* y no necesariamente *vos tenías mucho miedo, vos llegaste tarde, vos sos muy buena gente* (a menos que necesitemos mencionar el pronombre por diferentes razones).

La regla más sencilla para conjugar el **presente indicativo**, el **imperativo afirmativo** y el **subjuntivo presente** (y, a su vez, el **imperativo negativo**) es recurrir a la conjugación de *vosotros* en estos tiempos, omitiendo la *i* del diptongo o la *d* final, según sea el caso:

> Vosotros habláis = Vos hablás

¡Hablad! = Hablá

Espero que vengáis = Espero que vengás

Sin embargo, si no conocemos la conjugación de *vosotros*, usaremos las reglas que presentamos a continuación.

Reglas de la conjugación verbal del voseo centroamericano

- **Presente de indicativo.** Quitar la *r*, poner *s* y acentuar la última vocal. Solamente hay 3 verbos irregulares que son **ir** (vas), **ser** (sos) y **haber** (has). Algunos autores de antaño afirmaban que existía una forma regular de *haber* como "habés" pero está en desuso. Ejemplos con *ir*, *ser* y *haber*: *Vos vas a San Salvador, creo que ya sos mayor de edad, vos has leído mucho.* Ejemplos con verbos regulares: *Me hablás todos los días, no sé dónde comés, bailás muy bien, podés cantar y bailar, sentís mucho frío, te reís de todo, nunca dormís.* Nótese que en estas conjugaciones no existen los verbos que cambian de raíz (*stem-changing verbs*) ni los verbos irregulares (salvo los 3 verbos antes mencionados).
- **Imperativo afirmativo** (mandatos). Quitar la *r* y acentuar la última vocal: *Hablá, comé, leé, sentí, sentate, poné, dormí, dormite, salí, vení*, etc. Nótese que si se usan pronombres, no se tilda de la misma forma porque la palabra se convierte en grave (antes era aguda): *Hablá* frente a *hablame*, *decí* frente a *decile*. La única irregularidad se da con el verbo *ir* que suele usar la forma *andá* (aunque en El Salvador se puede escuchar *i*: *vos ime diciendo lo que ves*). Los verbos *ser* y *estar* tienen la misma forma que el tuteo: *sé, está*.
- **Subjuntivo e imperativo negativo.** Al igual que se hace con *vosotros*, se acentúa la última sílaba, se quita la *r* final y se pone *s* (*espero que hablés, no comás, ojalá vivás*). La mayoría de verbos usan la misma raíz que el presente usa en la primera persona (*yo hablo = vos hablés, yo hago = vos hagás*), mientras que los verbos que cambian su raíz en presente con *tú* (*tú piensas, tú quieres*) y cuya terminación es -ar y -er son regulares con *vos*: *vos pensés, vos querás* (al igual que sucede con *vosotros: vosotros penséis, vosotros queráis*). La excepción la hacen los verbos que cambian de raíz y que terminan en -ir (*pedir, dormir*), en cuyo caso la *e* se convierte en *i* y la *o* en *u*: *vos pidás, vos durmás*. Estas particularidades también las encontramos con *vosotros*, solo que con terminación diptongada (*vosotros pidáis, vosotros durmáis*). Esta regla también se puede observar en la formación del participio presente (*durmiendo, pidiendo*, etc.). En cuanto a dónde poner los **acentos**, se siguen las mismas convenciones de acentuación del español con respecto a cualquier palabra:

- Si la mayor fuerza de voz cae en la última sílaba (palabra aguda) y esta palabra termina en vocal o en *s*, se pone tilde: *cantá, hablás*.
- Si la mayor fuerza de voz cae en la penúltima sílaba (palabra grave), o sea, la segunda sílaba de derecha a izquierda, de una palabra, no se escribe tilde: *dame*.
- Si la mayor fuerza de voz va en la antepenúltima sílaba (palabra esdrújula), es decir, en la tercera sílaba de derecha a izquierda, entonces escribimos una tilde: *dámelo*. Observemos que un mismo verbo puede tener o no tilde dependiendo de la conjugación: *vos das, vos dalo, vos dáselo, vení, venite, comé, comelo, comételo*.

Sobre el pronombre de objeto directo e indirecto y el reflexivo *te*, el voseo moderno también usa el pronombre *te*. Es decir, que se dice *te veo* y *vos te peinaste*. El uso del pronombre *os* es inexistente en el voseo centroamericano. Muchos hablantes de regiones donde no se usa el voseo piensan que se diría *vos os levantaste*, lo que sería incorrecto. El voseo también utiliza *vos* para el caso oblicuo (después de preposición). Así que se dice *te veo a vos, con vos, sin vos, para vos, por vos, hasta vos*, etc.

Respecto a los posesivos, *vos* también utiliza *tu, tus, tuyo, tuya*, etc. Y no *vuestro, vuestra, vuestras, vuestros* como en su forma arcaica o como sucede todavía con *vosotros* en España. Para saber más sobre el voseo centroamericano, te recomendamos Baumel (1995), Benavides (2003), Castro (2001), Micheau (1991), Ortiz (2000), Pinkerton (1986), Quintanilla-Aguilar (2009), Quintanilla-Aguilar y Rodríguez Prieto (2014, 2019), Rojas (2003) y Woods (2012).

Rasgos fonéticos comunes en toda Centroamérica

- Aspiración de [x] ([x] = [h]). Ejemplo: *gente* [hente]. A veces puede estar en variación con [x] velar.
- Velarización de [n] final de palabra [ŋ]. Para más detalles, mirar la sección de Andalucía, en el capítulo 4.
- Las letras *ll/y* son débiles y suelen elidirse entre vocales cuando están en contacto con *e* o *i* (mucho más con *i*). Ejemplo: silla [sía]. A veces hay **ultracorrección** en el habla informal. La ultracorrección es cuando un hablante corrige algo que ya está correctamente dicho y lo vuelve "incorrecto". A veces estos hablantes agregan "illo/a" o "iyo/a" cuando no es necesario. Por ejemplo, la palabra *sandía* es la forma "correcta" en español "estándar", pero algunos hablantes hacen ultracorrección y la pronuncian como *sandilla* [sandija] pensando que *sandía* está mal dicho como sucede con [sía] para *silla*. La ultracorrección está estigmatizada y suele asociarse con el habla rural. Como

vemos, hay mucha vacilación entre muchos centroamericanos a la hora de diferenciar cuándo una palabra termina en -ío e -ía o -illo e -illa.

- [β], [ð] y [ɣ] después de consonantes y diptongos decrecientes (ai̯, ei̯, oi̯, au̯, eu̯) son oclusivas. *Alba* [alba] en vez de [alβa], *algo* [algo] en vez de [alɣo], *ceiba* [sei̯ba] en vez de [sei̯βa].

Rasgos fonéticos de El Salvador, Honduras y Nicaragua

- Aspiración de [s] final de sílaba (para más detalles sobre la aspiración de [s] ver el capítulo 4 sobre el español de España). En Nicaragua también se da la elisión de [s] al final de oración. Es un fenómeno en variación.
- Jejeo. Corresponde a la aspiración en [s] al inicio de sílaba. Algunos autores lo llaman heheo. A diferencia de la aspiración de [s] final, el jejeo, además de solo darse al inicio de sílaba, es un fenómeno muy léxico, es decir que se da en determinadas palabras y no necesariamente en cualquier palabra. Así que es muy difícil predecir cuándo va a suceder si no se conocen las palabras en que suele suceder. Tiende a estar muy estigmatizado, aunque se puede escuchar con relativa frecuencia en el habla informal y rural. Se da más solo en algunas regiones de estos países y a veces puede ser característica de algún hablante solo. Cuando hay más de una [s] en una misma palabra, el jejeo suele suceder solo en la primera [s], por ejemplo, *necesario* = [nehesario]. El jejeo es más frecuente en El Salvador y Honduras.
- [f] bilabial [ɸ], especialmente ante [o] y [u]. En El Salvador y Honduras. Este sonido se puede escuchar también en zonas rurales de España y América. Suele estar en variación la [f] labiodental. Afónico = [aɸoniko].
- Ceceo. Se da esporádicamente entre algunos hablantes en Honduras y El Salvador. Suele estar muy estigmatizado y asociarse con el habla rural. Algunos autores piensan que el ceceo centroamericano es menos interdental que el andaluz, siendo parte de un continuo entre [s] y [h]. Para más detalles sobre el ceceo, ver la sección sobre el español de Andalucía en el capítulo 4.
- Elisión de [ð] en -ado. Solamente en Nicaragua.

Rasgos fonéticos de la ciudad de Guatemala

- Mantenimiento [s].
- [tr] puede ser alveolar y sonar como [tʃr] (como *tr* en inglés), especialmente después de una consonante. Suele estar estigmatizado. Ejemplo: *entren* [entʃren].

- [ɾ] final de sílaba se puede asibilar [ř] entre algunos hablantes (más detalles sobre en qué consiste la asibilación de [r] en el capítulo 7 sobre el español de México). Ejemplo: *salir* [saliř]. Esta pronunciación suele estar estigmatizada.
- [r] múltiple puede ser fricativa retrofleja sonora [ʐ] (un sonido parecido a [ʒ], como la *s* de *measure* en inglés) o aproximante alveolar sonora [ɹ] (como la erre del inglés). Ejemplo: rico [ʐiko], [ɹiko]. Esta pronunciación suele estar estigmatizada.

Rasgos fonéticos de Costa Rica (San José)

- Mantenimiento [s].
- Acortamiento de vocales finales en contacto con [s]. *Seamos* = [seams]. Es un fenómeno en variación.
- [ɾ] simple final puede ser aproximante alveolar sonora [ɹ] (como la erre del inglés) y puede variar con una erre asibilada [r] (una erre con mucha fricción, sonando como si fuera "rsh"). Ejemplo: *salir* = [saliɹ], [saliř]. [r] múltiple también puede tener diferentes variaciones, aparte de la manera estándar. Sobresalen la pronunciación aproximante alveolar sonora [ɹ] (como la erre del inglés), asibilada [r] (como "rsh") y la fricativa alveolar sonora [ʒ] (como la *s* de *measure* en inglés). Ejemplo: *rico* = [ɹiko], [řiko], [ʒiko]. La combinación *tr*, o [tɾ], igualmente puede ser alveolar y sonar como [tʃr] (parecido a la *tr* de *train* en inglés). Ejemplo: *tres* [tʃres]. La forma de pronunciar la erre, tanto múltiple como simple, es uno de los rasgos más sobresalientes del español costarricense, muy notable al oído de cualquier hispano. Todas sus pronunciaciones suelen estar en variación con la forma estándar, variando según el hablante. Las formas no estándares parecen ser más frecuentes entre la población joven.
- Elisión de [ð] en -ado. Suele darse en la lengua informal. Es un fenómeno en variación. Este rasgo lo comparte con Nicaragua.

Otros rasgos morfosintácticos de Centroamérica

- Uso de la estructura "entre más / menos … más / menos" en vez de "mientras más / menos … más / menos". *Entre más dinero ganes, más posibilidades de comprar el coche tienes. Entre menos hables, mejor, así no metes la pata.*
- Uso de *hasta* para señalar el inicio de un evento. *La clase comienza hasta las 2 p.m.* (la clase no comienza hasta las 2 p.m.).
- Sufijo -ico como diminutivo en algunos sustantivos. Solo en Costa Rica.

- Ustedeo. Mayormente en Costa Rica, esporádicamente en el resto de países. Se refiere al uso de *usted* en situaciones familiares. Por ejemplo, un novio a su novia: *¿Quiere casarse conmigo?* Es un fenómeno que suele estar en variación con el voseo.
- Estructura artículo indefinido + adjetivo posesivo + sustantivo. Es frecuente en Guatemala, El Salvador y Honduras. Puede funcionar como partitivo o simplemente cuando el hablante quiere sonar modesto. Ejemplo: *Tengo una mi casa* (significa que esa casa es parte de otros bienes, pero el hablante no quiere sonar que está alardeándose).
- Uso pleonástico (redundante) de la segunda persona (*vos, usted*) al final de una oración. Se da en Guatemala, El Salvador y Honduras. Ejemplos: *Yo quiero ir, vos, ¿Querés que vaya? Yo no voy, vos. Ayúdeme, usted.*

Vocabulario típico de El Salvador y Honduras

- **Bayunco/a.** Tímido/a y ridículo/a. *Hijo, no te escondas cuando viene gente, no seás bayunco.*
- **Bicho/a:** Niño/a (informal), sujeto. *Había un montón de bichos en la piscina.*
- **Cabal.** Exacto, exactamente, correcto.
- **Chero/a.** Amigo/a (El Salvador).
- **Chivo/a.** Bonito/a, bien.
- **Choco/a.** Que no ve o no presta atención. *¡Qué choco soy! No te vi pasar.*
- **Chompipe.** Pavo.
- **Chuco/a.** Sucio/a.
- **Chunche.** Cosa (informal). *Tu mamá trajo un chunche. No sé qué es.*
- **Guineo.** Plátano.
- **Ma.** Toma, aquí tienes (informal). *Ma lo guineos que me pediste.*
- **Maje.** Amigo/a (solo entre amigos de confianza o es malsonante).
- **Mara.** Amigos, gente (informal). *Había mucha mara en la playa.*
- **Pacho/a.** A poca profundidad. *El niño se puede meter a la piscina porque el agua está bien pachita.*
- **Pena.** Vergüenza. *Coma lo que usted quiera, no tenga pena.*
- **Pendejo/a.** Idiota, tonto/a (malsonante). *¡Andate pendejo!*
- **Pisto.** Dinero.
- **Poderse.** Saber, conocer. *¿Te podés la letra de esa canción? No, no me la puedo.*
- **Púchica, puya.** Expresión de sorpresa.
- **Salú.** Chau (familiar).
- **Trabazón.** Embotellamiento vehicular.

- **Vaya.** Está bien, de acuerdo.
- **Va.** Está bien, de acuerdo (informal). *¡Va pues! Nos vemos mañana.*
- **Veá/va (que).** Verdad (que). *¿Veá que usted estudió en Estados Unidos? ¿Va que vos viviste en la playa por dos años?*
- **Volado.** Cosa (informal. El Salvador). *¿Cómo se llama ese volado?*

Vocabulario típico de Nicaragua

- **Barrilete, lechuza.** Cometa (juguete de plástico o papel atado a un hilo para ser elevado con el viento).
- **Bayunco/a.** Tímido/a y ridículo/a. *Hijo, no te escondas cuando viene gente, no seás bayunco.*
- **Bicha.** Cerveza.
- **Chavalo/a.** Niño/a.
- **Chelín.** Moneda de 25 centavos.
- **Chingo/a.** Corto/a.
- **Chunche.** Cosa (informal). *Tu mamá trajo un chunche. No sé qué es.*
- **Fajarse.** Enfrentarse.
- **Maje.** Amigo, tipo/a, chico/a.
- **Pacho/a.** A poca profundidad. *El niño se puede meter a la piscina porque el agua está bien pachita.*
- **Pena.** Vergüenza, pudor. *Me da mucha pena hablar en público. Me pongo muy nervioso.*
- **Pendejo/a.** Idiota, tonto/a (malsonante). *¡Cállate pendejo!*
- **Pisto.** Dinero.
- **Platicar.** Conversar.
- **Pulpería.** Tienda pequeña de barrio con productos básicos.
- **Vigorón.** Plato de yuca con cerdo.

Vocabulario típico de Guatemala

- **Agua pura.** Agua.
- **Agua.** Refresco (Coca Cola, Pepsi, etc.).
- **Bayunco/a.** Tímido/a y ridículo/a. *Hijo, no te escondas cuando viene gente, no seás bayunco.*
- **Chilero/a.** Bonito/a, excelente.
- **Choco/a.** Que no ve o no presta atención. *¡Qué choco soy! No te vi pasar.*

- **Chuco/a.** Sucio/a.
- **Chunche.** Cosa (informal). *Tu mamá trajo un chunche. No sé qué es.*
- **Guate.** Guatemala.
- **Hala.** Expresión de sorpresa.
- **Muchá.** Muchachos/as, amigos/as.
- **Patojo/a.** Niño/a.
- **Pena.** Vergüenza, pudor. *Me da mucha pena hablar en público. Me pongo muy nervioso.*
- **Pendejo/a.** Idiota, tonto/a (malsonante). *¡Cállate pendejo!*
- **Pisto.** Dinero.
- **Platicar.** Conversar.
- **Puchis.** Expresión de sorpresa, enojo.

Vocabulario típico de Costa Rica

- **Chiva.** Excelente.
- **Chompipe.** Pavo.
- **Chunche.** Cosa (informal). *Tu mamá trajo un chunche. No sé qué es.*
- **Gallo pinto.** Plato que contiene arroz y frijoles con especias.
- **Mae.** Amigo/a.
- **Pena.** Vergüenza, pudor. *Me da mucha pena hablar en público. Me pongo muy nervioso.*
- **Pendejo/a.** Idiota, tonto/a (malsonante). *¡Cállate pendejo!*
- **Platicar.** Conversar.
- **Presa.** Embotellamiento vehicular.
- **Pura vida.** Expresión de alegría o saludo.
- **Tuanis.** Buenísimo/a.

Ejercicio 1. Responde las siguientes preguntas.

1. ¿Por qué no incluimos a Belice y Panamá al hablar del español centroamericano?
2. ¿Cuáles son los 5 países centroamericanos?
3. ¿Cuáles son las capitales de cada país centroamericano?
4. ¿Quién fue Francisco Morazán?
5. ¿Qué dialectos centroamericanos son de tierras altas y cuáles de tierras bajas?
6. ¿Cuáles son los 5 apodos de cada país centroamericano?

7. ¿Qué país posee mayor población indígena?
8. ¿Qué es el tuteo?
9. ¿Qué es el voseo?
10. ¿Cómo era el sistema de segunda persona en latín?
11. ¿Qué pronombre de segunda persona singular se usaba en España antes de la época colonial?
12. ¿Cómo eran las conjugaciones verbales del voseo medieval?
13. ¿Cuál es el origen de *vosotros*?
14. ¿Por qué dejó de usarse *vos* en España?
15. ¿Por qué algunas regiones usan *vos* y otras usan *tú*?
16. ¿Qué actitudes tienen los centroamericanos hacia el voseo? ¿Dónde son más positivas y dónde más negativas? ¿Por qué?
17. ¿Qué es el ustedeo? ¿Dónde se da?
18. ¿Por qué los centroamericanos asocian el tuteo como forma de cortesía?

Ejercicio 2. Transforma la conjugación de los siguientes verbos al voseo en presente indicativo e imperativo afirmativo.

Infinitivo	Presente indicativo	Imperativo afirmativo	Subjuntivo
Amar	*amás*	*amá*	*amés / no amés*
Cepillarse	*te cepillás*	*cepillate*	*te cepillés / no te cepillés*

- Comer
- Cerrar
- Venir
- Apurarse
- Decir
- Divertirse
- Aguantar
- Poner
- Averiguar
- Irse
- Jugar
- Arrepentirse
- Mentir
- Pedir
- Hacer

- Reírse
- Ser
- Subir
- Tener
- Acostarse

Ejercicio 3. Transforma las siguientes oraciones al voseo. Recuerda que la mayoría de tiempos verbales son similares a los del tuteo.

- ¡Vuelve a Costa Rica! _____
- ¿Por qué eres tan creído? _____
- ¡Aprovecha y ven a la fiesta! _____
- ¡No vuelvas! _____
- ¡Hazme caso! _____
- ¿Tú fuiste a la ciudad? _____
- Quiero que estudies una carrera corta. _____
- ¿Tienes tiempo? _____
- Me tienes empalagado _____
- No sigas leyendo ese libro. _____
- ¿Qué dices? _____
- ¡Despídete de ellos! _____
- Espero que duermas bien. _____
- ¡Dime la verdad! _____
- ¡No pienses en esas cosas! _____
- Ojalá estuvieras aquí. _____
- ¡No repitas nada! _____
- Tú juegas mucho. _____
- ¿Te acuerdas de mí? _____
- ¡Oye! _____
- ¿Puedes ver? _____
- Es hora de que te acuestes. _____
- ¿Quieres que vaya contigo? _____
- Cállate. _____
- Ponte las pilas. _____

- No me acuerdo de ti. _____
- Me gustas mucho. _____
- Tu cara me suena. _____
- Tengo un libro tuyo. _____
- El libro es para tus papás. _____
- Haría lo que sea por ti. _____
- Me encanta tu sonrisa. _____
- Tú me odias, pero yo no a ti. _____
- Yo que tú, no iría. _____
- ¡Vete y no regreses nunca! _____

Ejercicio 4. Transforma a elisión de *ll/y* entre vocales o a **ultracorrección** según sea el caso.

- Ardilla _____
- Tío _____
- Ajıllo _____
- Grillo _____
- Días _____
- Amarillo _____
- Gentío _____
- Martillo _____
- Pandilla _____
- Frío _____

Ejercicio 5. Transforma las letras **b, d, g** y **v** a [b], [d], [g], [β], [ð] o [ɣ], señaladas en negrita, según el uso centroamericano. Escribe la forma estándar en la columna de la derecha.

- **S**alvo _____ _____
- Ar**d**e _____ _____
- **D**esde _____ _____
- Oi**g**o _____ _____
- Col**g**ate _____ _____

- Sal de aquí   _____   _____
- Dar vía   _____   _____
- Los verdes   _____   _____
- Hay vino   _____   _____
- Es vago   _____   _____

Ejercicio 6. Transforma las letras *s* a jejeo donde este fenómeno sea posible.

- El presidente   _____
- Nosotros   _____
- La maseta   _____
- La señora   _____
- La semana   _____

Ejercicio 7. Responde. Según el español centroamericano:

1. ¿Qué países mantienen la [s] final?
2. ¿Qué países hacen aspiración de [s]?
3. ¿Qué país hace omisión de [s] final?
4. ¿Qué países hacen elisión de [ð] en –ado?
5. ¿Qué países tienen el sonido bilabial [ɸ]?
6. ¿Qué países tienen ceceo?
7. ¿Qué países tienen jejeo?

Ejercicio 8. Pronuncia con la erre aproximante alveolar sonora costarricense.

- Trabajar   _____
- Empezar   _____
- Roberto   _____
- Raro   _____
- Tranquilo   _____
- Redondo   _____
- Antropología   _____
- Hermoso   _____
- Triste   _____

• Reírse   _____

Ejercicio 9. Crea una mini conversación entre dos amigos usando el ustedeo.

_____
_____
_____
_____
_____
_____

Ejercicio 10. Responde usando la estructura partitiva artículo indefinido + adjetivo posesivo + sustantivo.

1. ¿Con quién bailaste la primera vez?
   _____

2. ¿Qué tipo de mascota tienen tus padres?
   _____

3. ¿Qué tipo de carro tiene tu familia?
   _____

4. ¿Dónde guardás las cosas importantes?
   _____

5. ¿Tiene usted una cuenta de Facebook?
   _____

Ejercicio 11. Contesta o reacciona a las siguientes oraciones usando el uso pleonástico de la segunda persona, de uso común en Guatemala, El Salvador y Honduras. En algunos casos puedes simplemente responder con un "sí, vos" o "no, vos".

1. ¿Me podés prestar $10 000?
2. ¿Te gusta ir a la playa?
3. ¿Tenés frío?
4. ¿Qué onda, vos?
5. ¿Te podés una canción que dice "para bailar bamba"?
6. ¿Veá que vos sos bien tímido?
7. Fijate que no puedo ayudarte.
8. Púchica, no tengo nada de pisto.
9. No vayamos a clase.
10. ¿Te apuntás a un café?

Ejercicio 12. Crea oraciones usando algunas de las palabras típicas centroamericanas. En cada ejemplo escribe de qué país es la persona que lo diría.

* _____
* _____
* _____
* _____
* _____
* _____
* _____
* _____
* _____
* _____

Recursos adicionales

* Para escuchar el acento guatemalteco, te recomendamos los siguientes videos *Guatemaltecos* en https://www.youtube.com/watch?v=zLz-DzmWVhM y *El Viaje - película guatemalteca* - SODEJU-FUNDAJU, en https://youtu.be/V_7pJhTpIX8

* Para escuchar el acento salvadoreño, te recomendamos los videos del salvadoreño Fernanfloo, que es el youtubero número dos más famoso en español (abril de 2021). Igualmente, otros recursos son el canal *La cocina de Lupita* (por ejemplo, https://www.youtube.com/watch?v=JZzxcfjpvys), el video *Colectivo País* en https://youtu.be/ZJhHmDriJS8 y las entrevistas con el diputado Guillermo Gallegos que suele hacer ceceo (por ejemplo, https://youtu.be/MZCTnR6oa4k).

* Para escuchar el acento hondureño, te recomendamos el corto *Huevos Frijoles y un Millón de Dólares* en https://www.youtube.com/watch?v=9nV-db6HPo

* Para escuchar el acento nicaragüense, te recomendamos *Entrevista la Yuma 1 parte* en https://youtu.be/IPaLnO0mTzI?t=4m9s y las clásicas canciones nicaragüenses *Quincho Barrilete* y *Son tus perjumenes mujer*.

* Para escuchar el acento costarricense, te recomendamos el cortometraje *I mae* en https://youtu.be/0z3IFrDtx9g, los videos del youtubero costarricense Lorenz Wiedenmann en https://www.youtube.com/channel/UCspqFPW-fBAtStIZnQE3Unw y las películas costarricenses *Maikol Yordan de viaje perdido* y *El regreso*.

* Para ver el uso del voseo durante la época medieval, mira la serie *Isabel* de Televisión Española, disponible en https://www.rtve.es/television/isabel-la-catolica

- Más sobre el voseo en BBC Mundo (2016, 30 de agosto) *¿Por qué algunos países de América Latina usan el 'vos' en vez del 'tú'?* en https://www.bbc.com/mundo/noticias-america-latina-36928497
- Más sobre el español centroamericano en BBC Mundo (2018, 23 de mayo) *Cómo distinguir acentos y expresiones de distintos países de Centroamérica* en https://youtu.be/j5UTs94JcUE
- Más sobre los apodos centroamericanos en BBC Mundo (2019, 28 de junio) *Por qué a los habitantes de Costa Rica les dicen ticos (y catrachos, chapines, guanacos y nicas a sus vecinos centroamericanos)* en https://www.bbc.com/mundo/noticias-48097872

Referencias

Baumel, S. (1995). The Voseo: Second Person Singular Pronouns in Guatemalan Speech. *The Language Quarterly*, 33(1-2), 33-44.

Benavides, C. (2003). La distribución del voseo en Hispanoamérica. *Hispania*, 86(3), 612-23.

Brogan, F. (2020). Demystifying Salvadoran [s]: Evidence for /sθ/ lenition. En A. Morales-Front, M. Ferreira, R. Leow, & C. Sanz (Eds.), *Hispanic Linguistics: Current issues and new directions* (pp. 207-228). John Benjamins.

Castro, A. (2001). *Los pronombres de tratamiento en el español de Honduras*, Lincom Europa.

Garzón, S. (1998). *The life of our language: Kaqchikel Maya maintenance, shift, and revitalization.* University of Texas Press.

Henríquez, J. (2001). *Antología lingüística 9: Estudios sobre el español salvadoreño.* Ediciones Maquilishuat.

Lipski, J. (1986). Central American Spanish in the United States: Some remarks on the Salvadoran Community. *Aztlán*, 17, 91-123.

Lipski, J. (2006). La creación del lenguaje centroamericano en la obra narrativa de Juan Felipe Toruño. *Revista Iberoamericana*, 72, 349-368.

Micheau, C. (1991). The voseo in Latin America: Insights from Historical Sociolinguistics. En C. Klee, L. Ramos, & K. Curtis (Eds.), *Sociolinguistics of the Spanish-Speaking World: Iberia, Latin America, United States* (pp. 77-91). Bilingual/Bilingüe.

Ortiz, M. *El voseo en El Salvador* (2000). [Tesis de maestría, San Jose State University].

Pinkerton, A. (1986). Observations on the Tú/Vos Option in Guatemalan Ladino Spanish. *Hispania*, 69(3), 690-98.

Quesada Pacheco, M. (2010). *El español hablado en América Central: nivel fonético.* Iberoamericana/Vervuer.

Quesada Pacheco, M. (2013). *El español hablado en América Central: nivel morfosintáctico.* Iberoamericana/Vervuer.

Quintanilla-Aguilar, J. R. A (2009). Actitudes de los hablantes de San Salvador hacia el tuteo y el voseo. *Hispania*, 92(2), 361-373.

Quintanilla-Aguilar, J. R. A. & Rodríguez Prieto, J. P. (2014). El voseo en la publicidad de Costa Rica: un análisis de las actitudes de los hablantes. *Revista Internacional de Lingüística Iberoamericana*, 12(23), 109–119.

Quintanilla-Aguilar, J. R. A. & Rodríguez Prieto, J. P. (2019). Actitudes de los guatemaltecos hacia el sistema tripartito de tú, vos y usted en la publicidad escrita. *Hispanic Journal*, 40(2), 85–100.

Quintanilla-Aguilar, J. R. A. (2012). Esbozo de un estudio de actitudes lingüísticas en El Salvador. *Revista Española de Lingüística*, 1(42), 175–198.

Ramsburg, J. (2020). Perception of the Salvadoran [sh] and [θ] by L2 Spanish Learners. *Kansas Working Papers in Linguistics*, 41, 1-6.

Rodríguez Prieto, J. P. (2008). Distribución Geográfica del "Jejeo" en Español y Propuesta de Reformulación y Extensión del Término. *Revista Española De Lingüística*, 38(2), 129–144.

Rojas, L. (2003). A propósito del voseo: su historia, su morfología y su situación en Costa Rica. *Educación: Revista de la Universidad de Costa Rica*, 27(2), 143–163.

Woods, M. & Rivera-Mills, S. (2012). El tú como un "mask": Voseo and Salvadoran and Honduran Identity in the United States. *Studies in Hispanic and Lusophone Linguistics*, 5(1), 191–216.

CAPÍTULO 9

El español de Colombia y Venezuela

En esta ocasión hablaremos de dos países que una vez fueron parte de una misma nación, Colombia (¡no Columbia!) y Venezuela. Llama mucho la atención, que tanto Colombia como Venezuela son países altamente urbanizados (es decir, que la mayor parte de la población vive en grandes ciudades, llenas de rascacielos, y no en el campo). En el caso de Venezuela, más de un 90 % de su población vive en las ciudades grandes.

A nivel lingüístico, Colombia es un país que cuenta con dos áreas dialectales muy definidas. Por un lado, nos encontramos con una zona dialectal que corresponde a la región montañosa, tierras altas, que recorre el interior del país (y que incluye grandes metrópolis como Bogotá, Medellín y Cali) y, por otro lado, está la zona del Caribe (con importantes ciudades como Barranquilla, Cartagena y Santa Marta) y el Pacífico, tierras bajas. Evidentemente, las divisiones tanto geográficas como dialectales se pueden subdividir en más regiones y variedades, ya que este país posee una rica diversidad geográfica, demográfica y lingüística. No es de extrañar que los dialectos del centro de Colombia tengan mucho prestigio a nivel nacional, no solo porque se hablan en las ciudades más importantes del país, sino también por ser dialectos más conservadores (tierras altas). Como dijimos al inicio de este curso, muchos colombianos están convencidos de que el mejor español se habla en Colombia, específicamente en el interior del país, y que los colombianos "no tienen acento". Lo cierto es que, independientemente de lo que piensen los colombianos, el español de Colombia posee rasgos lingüísticos muy distintivos, como en cualquier otra zona del mundo hispano, que son fáciles de reconocer por la mayoría de hispanos de otras regiones. Además del prestigio de las ciudades del interior colombiano, el mito del español colombiano como "mejor" o "neutro" quizá viene de que uno de los grandes filólogos de la lengua española fue Rufino José Cuervo (1844-1911), un bogotano que escribió numerosos trabajos de lexicografía y de gramática. Asimismo, Colombia cuenta con el Instituto Caro y Cuervo, una institución, de mucho prestigio regional, de estudios filológicos, literarios y lingüísticos.

Sin embargo, la fama del español colombiano, fuera de Colombia, es realmente muy reciente. Desde finales del siglo pasado, el español colombiano se dio a conocer en el mundo hispano a través de sus producciones artísticas, tanto televisivas como musicales. El español colombiano, especialmente el de Bogotá, se popularizó con telenovelas que fueron un rotundo éxito en toda América y España, tales como "Café con aroma de mujer" y "Yo soy Betty, la fea", por nombrar algunas. Llamaba la atención, a cualquier hispanoamericano, de estas producciones colombianas que llegaron a competir con las mexicanas, venezolanas y argentinas que ya tenían mucho auge, la clara pronunciación de la ese y el frecuente uso de *usted* (ustedeo) en el acento de los actores y actrices colombianos. En el campo musical, basta con mencionar a Shakira, Juanes o Maluma para que pensemos rápidamente en Colombia y su inconfundible acento. Para más información sobre el español colombiano, ver Amaya Antolines (2018), Bernal-Chávez (2017), Flórez (1953), García Rodríguez (2012), Jang (2014, 2015), Montes Giraldo (1967) y Newall (2016).

En cuanto a Venezuela, este es un país rico en recursos e igualmente muy diverso en su geografía y variedad lingüística. Su español también posee una división dialectal de tierras altas y bajas. Sin embargo, a diferencia de Colombia, el español de tierras bajas no solo es el que más se habla en la mayor parte del país, sino que también constituye el español de más prestigio a nivel nacional. Las tierras altas abarcan básicamente un territorio lingüístico minoritario, siendo Mérida la ciudad más importante de esta región venezolana. La mayoría de ciudades grandes se encuentran en la costa y región norte (entre ellas, las más importantes son Caracas, Valencia, Maracaibo, Barquisimeto y Maracay). Algo interesante de Venezuela es que su nombre se originó de una asociación con la ciudad italiana de Venecia, pues los españoles vieron que los indígenas construían en esta zona sus casas sobre el agua, como se hace en Venecia.

Venezuela es, en general, un país altamente urbanizado, con más de un 90 % de su población viviendo en las ciudades grandes. Demográficamente, más de la mitad es mestiza (mayormente de mezcla africana y europea), un buen porcentaje de origen europeo y un pequeño grupo se autodenomina como indígena.

Al igual que el español colombiano, pero con varios años de adelanto, el español de Caracas también llegó a ser muy popular en el mundo hispano en las últimas décadas del siglo XX, gracias a un gran auge en sus producciones televisivas, especialmente de telenovelas que le dieron la vuelta al mundo. Algunas de estas telenovelas (por ejemplo "Topacio", "Cristal" y "Kassandra") llegaron a ser más populares que las mexicanas. En los últimos años, las producciones venezolanas han dejado de ser populares dentro del mundo hispano y es probable que las nuevas generaciones desconozcan el acento venezolano que tan popular fue a finales del siglo pasado. Fue quizá gracias a la influencia venezolana en la televisión que la palabra "chévere" se popularizó por casi todo el mundo hispano.

No podemos dejar de hablar de Venezuela sin mencionar a Simón Bolívar (1783-1830), héroe sudamericano del siglo XIX que fundó la Gran Colombia (1819-1831), conformada por las actuales repúblicas de Colombia, Ecuador, Panamá y Venezuela. Como Francisco Morazán, en Centroamérica, Bolívar es un símbolo de la unión regional.

Ficha sobre Colombia

Nombre oficial: República de Colombia
Población: 49 084 841 (2020)
Presidente del gobierno: Iván Duque Márquez (2020)
Moneda: Peso
Capital: Bogotá
Ciudades principales: Medellín, Cali, Barranquilla, Cartagena
División territorial: Departamentos
Personajes famosos: Gabriel García Marques, Shakira, Juanes, Maluma, Carlos Vives, Sofía Vergara, James Rodríguez, Sebastián Yatra
Comida típica: Arepas, bandeja paisa, ajiaco, tamales, arroz atollado, patacones, salchipapa

Ficha sobre Venezuela

Nombre oficial: República Bolivariana de Venezuela
Población: 29 069 153 (2021)
Presidente del gobierno: Nicolás Maduro (2020)
Moneda: Bolívar
Capital: Caracas
Ciudades principales: Maracaibo, Barquisimeto, Valencia

División territorial: Estados
Personajes famosos: Ricardo Montaner, Carlos Baute, Franco de Vita, Óscar de León, Chino & Nacho, Carolina Herrera
Comida típica: Arepas, hallacas, pabellón criollo, perico, pasticho, mandocas, patacones, salchipapa

El español del interior de Colombia: rasgos fonéticos

- Mantenimiento de [s]. A veces puede ser apical como en el norte de España (ver el capítulo 4 sobre el español de España). Algunos hablantes pueden hacer jejeo, es decir, aspiración de [s] ante vocal al inicio de sílaba: *nosotros* = [nohotɾos] (ver el capítulo 8). Sin embargo, la aspiración de [s] al final de sílaba no suele darse.
- Las letras *ll/y* suelen ser débiles entre vocales y africadas o fuertes al inicio de sílaba.
- [x] suele ser débil, como [h].
- [n] suele ser alveolar.
- [r] inicial y final y [tr] pueden ser fricativas o africadas (ver la sección de fonética del español de Costa Rica en el capítulo 8), respectivamente, de manera muy esporádica entre algunos hablantes.
- [β], [ð] y [ɣ] intervocálicas son débiles, es decir, que la oclusión es casi nula, o se eliden entre vocales. *Bogotá* = [boˠotá] o [bo:tá].
- [β], [ð] y [ɣ] después de consonante o diptongo son oclusivas. *Alba* [alba] en vez de [alβa], *algo* [algo] en vez de [alɣo], *Leiva* [leiba] en vez de [leiβa].

El español del interior de Colombia: rasgos morfosintácticos

- Uso frecuente del sufijo -ico en vez de -ito/a en algunos sustantivos. *Momento* = *momentico*.
- Ustedeo. Uso de *usted* en vez de *tú* o *vos* en el habla familiar. Es un fenómeno en variación con el tuteo o voseo, es decir, que es frecuente que un hablante use *usted* en algunos momentos y que luego cambie al tuteo (o voseo, según la región).
- Tuteo. Se escucha más en Bogotá, aunque compite mucho con el ustedeo.
- Voseo. Similar al de Centroamérica. Se da en la región paisa (que incluye Medellín) y el departamento de Valle del Cauca (que incluye Cali). Tanto

Medellín como Cali son ciudades muy importantes, así que el voseo suele tener un cierto prestigio en estas zonas.

- En algunas regiones del interior se escucha a veces *su merced* en vez de *usted*.

El español del Caribe de Colombia: rasgos fonéticos

- Aspiración y elisión de [s] final de sílaba. Es un fenómeno en variación.
- [x] suele ser débil, como [h]. A veces se elide.
- [n] velar al final de palabra [ŋ]. A veces se nasaliza con la vocal que le precede o se elide. Por ejemplo: *son* = [sõ].
- Elisión de [d] intervocálica (menos frecuente).
- [ɾ] final se suele elidir en los infinitivos (informalmente).
- Las letras *ll/y* intervocálicas suelen ser débiles.
- Puede haber neutralización *r/l* (confusión de estos dos sonidos) o geminación (más detalles sobre la geminación en el capítulo 6). La geminación es la elisión de [l] o [ɾ] ante las consonantes obstruyentes. Es un fenómeno en variación. Ejemplo: *Cartagena* = [kat.ta.he.na].

El español del Caribe de Colombia: rasgos morfosintácticos

- Tuteo.
- Voseo en los departamentos de César y Guajira (departamentos fronterizos con la zona de Maracaibo en Venezuela). El voseo puede ser monoptongado (como el voseo centroamericano) o diptongado, con terminaciones similares a *vosotros*: *vos habláis* (ver la sección sobre morfosintaxis del Caribe venezolano, abajo).

El español del Caribe venezolano: rasgos fonéticos

- Aspiración y elisión de [s] final de sílaba. La aspiración es más común en las clases sociales altas y la elisión en los estratos sociales bajos. Es un fenómeno en variación.
- [x] suele ser débil, como [h]. A veces se elide.
- Las letras *ll/y* suelen ser fuertes o africadas.

- [n] velar al final de palabra [ŋ]. A veces se nasaliza con la vocal que le precede o se elide. Son = [sõ].
- [ð] entre vocales es débil o se elide. Es un fenómeno en variación.
- [ɾ] final se suele elidir en los infinitivos (informalmente). Es un fenómeno en variación.

El español del Caribe venezolano: rasgos morfosintácticos

- En Caracas se usa el tuteo y suele ser la norma de prestigio a nivel nacional. En Maracaibo (los estados de Zulia y Falcón) se usa un voseo con terminaciones similares a las de *vosotros* -áis, -éis. Nótese que como en esta región se aspira y la aspiración está muy extendida, la pronunciación de -áis, -éis suele quedar en [ái̯h], [éi̯h]. Este voseo suele estar estigmatizado.
- Uso redundante de pronombres personales. *¿Tú crees que tú puedes ayudarme?* = *¿Crees que puedes ayudarme?*
- Preguntas sin inversión. Ejemplo: *¿Qué tú quieres tú?* = *¿Qué quieres tú?*
- Estructura preposición + sujeto + infinitivo. *Antes de yo ir a Caracas* (antes de que yo vaya a Caracas).
- Preferencia por el sufijo -ico en vez de -ito como diminutivo en algunos sustantivos. *Momento = momentico, chiquito= chiquitico.*

El español de los Andes venezolanos: rasgos fonéticos

- Mantenimiento de [s]. A veces puede ser apical. En ocasiones se puede escuchar la elisión de [s] en Mérida.
- [β], [ð] y [ɣ] después de consonante y diptongo son oclusivas. *Alba* [alba] en vez de [alβa], *algo* [algo] en vez de [alɣo], *Leiva* [lei̯ba] en vez de [lei̯βa].
- Las letras *ll/y* son fuertes o africadas.
- [n] final es alveolar.

El español de los Andes venezolanos: rasgos morfosintácticos

- En la región andina existe un voseo parecido al de Centroamérica, pero su uso es más a nivel íntimo e informal (Freites, 2007; Obediente, 2008).

Además del voseo, esta región utiliza el ustedeo (Álvarez, 2006), como en Costa Rica y el interior de Colombia, para el habla familiar (quizá este tenga mucha más frecuencia que el voseo).

Vocabulario típico de Colombia

- **¡Qué oso!** Qué vergüenza, qué ridículo.
- **¿Cómo así?** ¿Por qué?
- **¿Qué hubo?** ¿Qué tal?
- **Bacano.** Bien, genial.
- **Cachaco/a.** Del interior del país.
- **Cachifo/a.** Chico/a, niño/a.
- **Costeño/a.** De la costa.
- **Chimba.** Bueno/a, bonito/a, malo/a. *¡Qué chimba de canción!*
- **Crispetas.** Palomitas de maíz (Cauca).
- **Maíz pira.** Palomitas de maíz (Bogotá).
- **Mal parido/a.** Bastardo/a.
- **Muy querido/a.** Muy buena persona.
- **Paisa.** De los departamentos de Antioquia, Risaralda, Caldas, Quindío, Norte del Valle y Norte del Tolima.
- **Parcero/a.** Amigo/a.
- **Pena.** Vergüenza, pudor. *Me da mucha pena hablar en público. Me pongo muy nervioso.*
- **Pendejo/a.** Tonto/a (no es malsonante como en México y Centroamérica).
- **Rolo/a.** De Bogotá.
- **Tan divino/a.** Muy buena persona o amable.
- **Trancón.** Embotellamiento vehicular.
- **Verraco/a.** Que tiene mucho carácter.
- **Verraquera.** Algo excelente.

Vocabulario típico de Venezuela

- **¡Epa!** Expresión de sorpresa.
- **Caramba.** Expresión de sorpresa.
- **Catire.** Rubio/a, blanco/a.
- **Cambur.** Plátano.
- **Chamo/a.** Chico/a.
- **Chévere.** Bien, bonito.

- **Cónchale**. Expresión de sorpresa.
- **Coso, cosito**. Cosa.
- **Cotufas**. Palomitas de maíz.
- **Marisco/a**. Chico/a, amigo/a.
- **Maracucho/a**. De Maracaibo.
- **Naguará**. Expresión de sorpresa.
- **Pana**. Amigo/a.
- **Pena**. Vergüenza, pudor. *Me da mucha pena hablar en público. Me pongo muy nervioso.*
- **Vaina**. Cosa.
- **Vale**. Está bien, de acuerdo.
- **Viejo**. Compañero, amigo (entre hombres).

Ejercicio 1. ¿Dónde serían débiles o nulas [β], [ð] y [ɣ]? Usa los símbolos de debilitamiento [ᵝ], [ᵟ] y [ᵞ].

- Estas navidades _____
- ¿Dónde andabas? _____
- Me gusta todo _____
- Hágame un favor _____
- No sé qué pasaba _____
- Voy a Bogotá _____
- No me lo ha dado _____
- El presidente _____
- Se le cae la baba _____
- En el Éverest _____

Ejercicio 2. ¿Dónde serían [β], [ð] y [ɣ] oclusivas? Indica también la pronunciación del español estándar.

Ejemplo:	Estándar	Colombiano
Alba	alβa	alba
• Lavar	_____	_____
• Marbella	_____	_____
• Eres grande	_____	_____

Ejemplo:	Estándar	Colombiano
• Esbelto	_____	_____
• Dos días	_____	_____
• Hágalo	_____	_____
• Hacer guerras	_____	_____
• No hay dinero	_____	_____
• Audaz	_____	_____
• Sin vino	_____	_____
• Soy Víctor	_____	_____
• Caudales	_____	_____
• Es viernes	_____	_____
• Algas	_____	_____
• Ley dura	_____	_____

Ejercicio 3. Cambia al sufijo -ico.

- Rato _____
- Pato _____
- Gato _____
- Caliente _____
- Bonito _____
- Poquito _____
- Chiquito _____
- Juntos _____
- Saludo _____
- Marta _____

Ejercicio 4. ¿Cómo se dirían las siguientes oraciones con ustedeo y voseo?

Ejemplo:	ustedeo	voseo
• ¿Quieres un poco?	_____	_____
• Enséñame cómo hacerlo	_____	_____
• Vete de aquí	_____	_____
• Si me ayudas, voy	_____	_____
• No me hables	_____	_____
• Dime cómo te llamas	_____	_____
• ¿Fuiste a la reunión?	_____	_____
• No me entretengas	_____	_____
• Estrénalo mañana	_____	_____
• Recibe un abrazo	_____	_____

Ejercicio 5. Transforma al dialecto caribeño colombiano usando los siguientes rasgos: aspiración de [s], [h], [ŋ] o nasalización, elisión de [ð] intervocálica y [ɾ] final.

- Este corazón _____
- Fue sin querer _____
- Estoy cansado _____
- La gente quiere hablar _____
- Me lo han comentado _____

Ejercicio 6. Contesta las preguntas.

1. ¿Cuál es el origen de la palabra Venezuela?
2. ¿Qué tipo de dialecto tiene más prestigio en Venezuela?
3. ¿Cómo es que el español venezolano llegó a ser muy popular en el mundo hispano?
4. ¿Quién fue Simón Bolívar?

Ejercicio 7. Responde las siguientes preguntas usando la pronunciación de Caracas.

1. ¿Cómo te sientes ahora?

_____

2. ¿Qué vas a hacer este fin de semana?

_____

3. ¿Has llorado despidiéndote de un ser querido?

_____

4. ¿Qué tipo de ropa llevabas puesta ayer?

_____

5. ¿Qué país hispano quisieras visitar?

_____

Ejercicio 8. Convierte las siguientes oraciones a preguntas sin inversión.

- ¿Qué haces? _____
- ¿Dónde vives? _____
- ¿Qué dijo él? _____
- ¿Cuándo llegó usted? _____
- ¿Cómo te llamas? _____
- ¿A quién buscas? _____
- ¿Cuál escogiste? _____
- ¿De dónde vienes? _____
- ¿Adónde viajas? _____
- ¿Qué escuchas? _____

Ejercicio 9. Usa la estructura preposición + sujeto + infinitivo.

- Para que yo vaya. _____
- Después de que comas. _____
- Para que yo lo haga. _____
- Antes de que tú lo digas. _____
- En lugar de que vengas. _____
- Son para que los copies. _____

- A dos días de que viniste. _____
- Para que lo tomes. _____
- Para que puedas ir. _____
- Antes de que yo te conociera. _____

Ejercicio 10. Escribe 5 frases con mandatos de cortesía usando la estructura será que + perífrasis.

_____

_____

_____

_____

_____

Ejercicio 11. Escribe un pequeño diálogo entre un colombiano del interior y un venezolano de Caracas. Usa algunos rasgos lingüísticos de estas regiones y al menos 5 palabras típicas de ambos países.

_____

_____

_____

_____

_____

Recursos adicionales

- Para escuchar ejemplos del acento colombiano, te recomendamos para el acento del interior y la /s/ apical colombiana *Técnicas para hablar en público*, disponible en https://www.youtube.com/watch?v=2pcaeDNAnyc. Para el acento bogotano de los jóvenes, el video *Acento Bogotá* es un buen recurso.

Disponible en https://youtu.be/h5RayRkZRb4. Para ejemplos de ustedeo, el video *Padres e Hijos: ¿Orden o desorden?* en https://youtu.be/_vWSHS2H-Ge0?t=190. Para escuchar el voseo, las canciones de Juanes *Para tu amor* y *A Dios le pido* poseen varios ejemplos. Para todos los acentos *¿Cómo y cuántos son los diferentes acentos de Colombia?* https://www.bbc.com/mundo/media-38750738

- Para escuchar ejemplos del acento caribeño colombiano busca entrevistas con Sofía Vergara (por ejemplo, https://youtu.be/_x19CRXcsBg) o de Shakira. Otras opciones son las canciones *La foto de los dos* de Carlos Vives (en https://youtu.be/kKPJ6GNNUOM) y *La bicicleta* versión Shakira y Carlos Vives (en https://youtu.be/-UV0QGLmYys).
- Para más ejemplos de vocabulario colombiano, el artículo de CNN español (2019, 12 de julio) *Diccionario de colombianismos: ¿qué significa dar papaya, pelado, ñapa y mermelada?* https://cnnespanol.cnn.com/2019/07/12/diccionario-de-colombianismos-que-significan-chino-pelado-napa-y-mermelada
- Para ejemplos del acento de Caracas, te recomendamos los videos *Acento de jóvenes venezolanos y uso de palabras típicas* en https://youtu.be/wMDjdfGK-DrE, entrevistas con Ricardo Montaner (por ejemplo, *Es la primera vez que tenemos una entrevista íntima, de tú a tú* en https://www.youtube.com/watch?v=mIQBp-e4LpU) y el reportaje sobre el voseo venezolano *En el Zulia es un valor hablar de 'vos'* en https://youtu.be/4hvyBMuriTU

Referencias

Álvarez, A. & Carrera de la Red, M. (2006). El usted de solidaridad en el habla de Mérida. En M. Schrader-Kniffki, (ed.), *La cortesía en el mundo hispánico. Nuevos contextos, nuevos enfoques metodológicos* (117–130), Vervuert.

Amaya Antolines, M. (2018). La distribución del voseo diptongado del Valle del César: Una mirada a su estructura. *Lingüística y Literatura*, 53, 54–71.

Bernal-Chávez, J. & Díaz-Romero, C. (2017). Caracterización panorámica del español hablado en Colombia: fonología y gramática. *Cuadernos de Lingüística Hispánica*, 29, 19–37.

Flórez, L. (1953). Vos y la segunda persona verbal en Antioquia. *Thesaurus*, 9(1–3), 280–286.

Freites, F. & Zambrano, W. (2007). El voseo andino tachirense: ¿Marca de género? *Boletín de lingüística*, 19(28), 26–45.

García Rodríguez, A. (2012). La construcción será que + perífrasis en el tratamiento cortés del español colombiano: caracterización, usos y relevancia pragmática. *Diálogo de la lengua*, 4, 24–38. Jang, J. S. (2012). Cambio pronominal momentáneo en las relaciones interpersonales solidarias en los jóvenes universitarios de Medellín (Colombia). En J. Escamilla Morales &

G. Vega (Eds.), *Miradas multidisciplinares a los fenómenos de cortesía y descortesía en el mundo hispánico* (pp. 178–212). Barranquilla: Universidad del Atlántico.

Jang, J. S. (2014). La frecuencia del uso del usted en tres zonas del departamento de Antioquia (Colombia). *Forma y Función*, 27(1), 45–65.

Jang, J. S. (2015). Matiz feminizante del tuteo y el futuro del voseo en el departamento de Antioquia (Colombia). *Estudios filológicos*, 56, 85–99.

Jang, J. S. (2015). Frecuencia del tuteo en tres zonas del departamento de Antioquia (Colombia): influencia de la zona urbana/rural. *Forma y Función*, 28(1), 11–29.

Montes Giraldo, J. (1967). Sobre el voseo en Colombia. *Thesaurus*, 22, 21–43.

Newall, G. (2016). Second person singular forms in Cali Colombian Spanish: Enhancing the envelope of variation. En M. Moyna, & S. Rivera-Mills (Eds.), *Forms of address in the Spanish of the Americas* (pp. 149–170). Amsterdam: John Benjamins.

Obediente, E. (2008, 23 de octubre). Visión diacrónica y dialectal de las formas de tratamiento en los Andes venezolanos [Conference presentation]. *Simposio de lingüística hispánica*, Québec.

CAPÍTULO 10

El español de Bolivia, Ecuador y Perú

Geográficamente, estos tres países tienen dos zonas bien marcadas: la región andina (con muchas ciudades a gran altitud sobre el nivel del mar, que sobrepasan incluso los tres mil metros) y las tierras bajas (aquellas regiones a baja altitud, donde encontramos regiones costeras del Pacífico o llanas del interior amazónico). Los Andes comprenden la cordillera continental más larga de la tierra. Se originan en Venezuela y terminan en el sur de Chile y de Argentina. Atraviesa casi todos los países hispanos sudamericanos, a excepción de Paraguay y Uruguay. Desde este punto de vista, todos estos países son andinos, aunque el término se relaciona más con Bolivia, Ecuador y Perú (y a veces con Colombia). Cada país, sin embargo, cuenta con regiones no andinas. Lo que hace único a Bolivia, Ecuador y Perú es que su región andina está habitada de manera significativa por pueblos indígenas, especialmente de origen aimara y quechua. Colombia, por ejemplo, tiene un alto porcentaje de población mestiza en sus Andes. En Chile y Argentina las montañas de los Andes están, relativamente, poco habitadas, dada su escabrosa geografía e intenso clima frío que se potencia con la latitud más al sur.

Como en cualquier región extensa, estos tres países poseen muchas variedades de español, además de una variedad de lenguas amerindias. Como lo hemos hecho anteriormente con algunos países (como con México, Colombia y Venezuela), para simplificar las variedades lingüísticas más importantes de estos países dividiremos sus principales dialectos en tierras altas (zona andina) y tierras bajas (zonas costeras y de interior a baja altitud). Además de su diversidad lingüística y geográfica, estas regiones también poseen diferencias a nivel demográfico. Las ciudades del altiplano, en especial La Paz (Bolivia) y Cusco (Perú), poseen una población significativa de indígenas. En Quito (Ecuador) sobresale la población mestiza, con una minoría indígena. Por su parte, Santa Cruz de la Sierra (Bolivia), Guayaquil (Ecuador) y Lima (Perú) tienen una población más mestiza, africana y española, respectivamente.

Dada su altitud, las tierras altas de estas regiones poseen climas relativamente fríos. Ciudades como La Paz pueden llegar a tener en ocasiones hasta -12 grados Celsius durante el invierno. Cusco y Quito suelen tener climas primaverales. Por otro lado, Lima, Guayaquil y Santa Cruz, al estar a muy baja altitud, tienden a ser calurosas, aunque con ciertos matices. Por ejemplo, Guayaquil, una ciudad cerca de la costa, es más tropical todo el año. Santa Cruz de la Sierra, ciudad del interior boliviano, tiene una leve baja de temperaturas durante el invierno dado que está más al sur del continente. Lima, por su parte, suele tener menos calor pese a estar muy cerca del ecuador, gracias a las corrientes de vientos que vienen de la Antártida y a una frecuente nubosidad y carencia de lluvias (así que su clima tiende a ser subtropical y desértico).

Algo interesante sobre Bolivia, es que durante la guerra del Pacífico (1879–1884), contra Chile, perdió el departamento del Litoral, territorio que le daba salida al océano Pacífico. Bolivia todavía reclama este territorio. Otro dato que llama la atención de Bolivia es que su capital es Sucre pero la sede del gobierno, y la ciudad más importante, es La Paz.

Ficha sobre Bolivia

Nombre oficial: Estado Plurinacional de Bolivia
Población: 11 639 909 (2020)
Presidente del gobierno: Jeanine Áñez (interina 2020)
Moneda: Boliviano
Capital: Sucre
Ciudades principales: Santa Cruz, El Alto, La Paz, Cochabamba
División territorial: Departamentos
Personajes famosos: Evo Morales, Mercedes Guzmán, Ernesto Cavour, Jorge Sanjinés
Comida típica: Sajta de pollo, sándwich de chola, anticucho, chairo paceño, salteñas, chicha de maní, salchipapa

Ficha sobre Perú

Nombre oficial: República del Perú
Población: 31 914 989 (2020)
Presidente del gobierno: Martín Vizcarra Cornejo (2020)
Moneda: Sol
Capital: Lima
Ciudades principales: Arequipa, Trujillo, Chiclayo, Cusco
División territorial: Provincias
Personajes famosos: Mario Vargas Llosa, Laura Bozzo, Jaime Bayly
Comida típica: Ceviche, causa rellena, papa a la Huancaína, ají de gallina, anticucho, lomo saltado, salchipapa, pisco

Ficha sobre Ecuador

Nombre oficial: República del Ecuador
Población: 16 904 867 (2020)
Presidente del gobierno: Lenín Moreno (2020)
Moneda: Dólar estadounidense
Capital: Quito
Ciudades principales: Guayaquil, Cuenca, Santo Domingo
División territorial: Provincias
Personajes famosos: Julio Jaramillo, Jefferson Pérez, Tranzas, Roberto Manrique, María Elisa Camargo
Comida típica: Arroz marinero, seco de pollo, bolones de verde, fanesca, fritada, morocho, pan de yuca, salchipapa

El español andino de Bolivia, Perú y Ecuador: Tierras altas

La región andina abarca tres ciudades que son muy importantes y reconocidas en estos tres países: La Paz, Quito y Cusco (esta última sobresale por poseer las famosas ruinas incas de Machu Picchu). Todas se encuentran a muchos metros sobre el nivel del mar (abreviado como m.s.n.m.): La Paz (3625 m.s.n.m.), Cusco (3400 m.s.n.m.) y Quito (2700 m.s.n.m.). La población de La Paz y Cusco es mayormente indígena, mientras que la de Quito es más mestiza. En el altiplano de estos tres países se habla, además de español, el idioma quechua. El aimara también se habla en Perú y Bolivia. En cuanto al español, estas ciudades poseen un habla más conservadora (de tierras altas). Tanto La Paz como Quito son las ciudades más importantes dentro de sus respectivos países, por lo que su dialecto suele estar bien valorado entre sus propios hablantes, aunque depende de quién lo valore. Cusco, por su parte, a pesar de tener un español de tierras altas, posee un dialecto con menos prestigio a nivel nacional. En parte, posiblemente, porque se asocia con el habla de los indígenas, pero también porque no es el de la ciudad más importante del país. Así que, en el caso de Perú, el dialecto de tierras bajas, en este caso el limeño, es el que posee mayor prestigio que el de las tierras altas. Para más información sobre el español andino, ver Andrade Ciudad (2016), Arrizabalaga (2001), Dankel et al. (2018), Haboud (2008), Lara Bermejo (2018) y Risco (2018).

Principales rasgos fonéticos del español de La Paz, Quito y Cusco

- Mantenimiento de [s]. A veces puede ser apical (más detalles en el capítulo 4). Es muy común, igualmente, la **sonorización** de *s*, [s] = [z], frente a una vocal, especialmente al final de palabra: *los Andes = Lo*[z] *Andes.* La sonorización es un fenómeno en variación.
- Reducción de vocales inacentuadas, especialmente [e] y [o] en contacto con [s] (más detalles en el capítulo 7). Es un fenómeno en variación.
- Velarización de [n] final de sílaba [ŋ]. Para más detalles, mirar la sección de Andalucía, en el capítulo 4.
- [x] es por lo general velar.
- Elisión de [d] intervocálica. Es un fenómeno en variación.
- **Distinción entre** *ll/y*. Consiste en pronunciar el dígrafo *ll* con el sonido aproximante lateral palatal sonoro [ʎ] (sonido parecido a la combinación *lli* en *million* en inglés), mientras que la letra *y* con el fricativo palatal [ʝ] o con el sonido africado [dʒ] (dependiendo del dialecto). La distinción *ll/y* suele también conocerse como **lleísmo**. Cuando no se distingue entre la *ll* y la *y* (es decir cuando *ll/y* se pronuncian de la misma forma), el fenómeno suele llamarse **yeísmo**. El yeísmo es lo "estándar" o lo más frecuente en el mundo hispano. En Quito *ll* se suele pronunciar como [ʒ] (como la *s* de *measure* en inglés), mientras que *y* como una [j] débil.
- [tɾ], [ɾ] simple (especialmente antes de *d, l, n, t* y al final de sílaba) y [r] múltiple suelen pronunciarse con un sonido fricativo retroflejo sonoro [ʐ], un

sonido parecido a [ʒ] (la *s* de *measure* en inglés). *Tres* = [tʐ]*es*, *tarde* = ta[ʐ]*de*, *Roma* = [ʐ]*oma*, *carro* = *ca*[ʐ]*o*. Este sonido suele estar en variación con la erre simple y múltiple del español estándar. En Quito y La Paz la pronunciación del sonido fricativo retroflejo sonoro [ʐ] suele estar muy extendida y aceptada en todas las clases sociales. No parece ser así en Cusco, donde el fenómeno está en retroceso (posiblemente esto se deba, como dijimos antes, a que el español limeño tiene mucho prestigio dentro Perú).

Principales rasgos morfosintácticos del español de La Paz

- Se usa *vos* pero se conjuga con las formas verbales del tuteo. *Vos tienes, vos vives.* También se usa el tuteo a nivel culto (el voseo suele estar estigmatizado). Suele haber variación tuteo - voseo.
- Doble posesivo. *Su casa de ella* (en vez de *su casa* o *la casa de ella*). Más detalles en la sección sobre el español mexicano.

Principales rasgos morfosintácticos del español de Quito

- Se usa *vos* pero se suele conjugar con las formas verbales del tuteo. *Vos tienes, vos vives.* A nivel culto se usa más el tuteo, ya que el voseo suele estar estigmatizado. En el habla más informal se pueden escuchar conjugaciones verbales diptongadas en los verbos que terminan en -ar como *buscáis* y en los que terminan en -er e -ir terminaciones del tipo "querís", "vivís".
- Leísmo (ver capítulo 4), incluso para objetos femeninos: *le vi* (la casa).

Principales rasgos morfosintácticos del español de Cusco

- Tuteo.
- Doble posesivo. *Su casa de ella* (en vez de *su casa* o *la casa de ella*).
- Algunos hablantes de Cusco hacen uso de la forma posesiva *vuestro/a* en vez de *su* para el pronombre *ustedes. Gracias por vuestra preferencia, con vuestros amigos*, etc.

El español de Bolivia, Perú y Ecuador: Tierras bajas

Las principales ciudades que comprenden esta delimitación geográfica y lingüística son las ciudades de Santa Cruz de la Sierra (Bolivia), Guayaquil (Ecuador) y Lima (Perú). Como en el caso del español de Caracas, el español de las tierras bajas de Bolivia, Ecuador y Perú es de tipo caribeño. Sin embargo, es de notar que lo caribeño solo es fonético, ya que encontraremos fenómenos lingüísticos que no hay en el Caribe. Además, al oído de un hispanoamericano, al menos en cuanto al español de Lima y Santa Cruz, estos no suenan caribeños, ya que su entonación suele ser muy distinta de la del Caribe.

Santa Cruz de la Sierra y Guayaquil tienen en común que son ciudades muy pobladas en sus respectivos países, pero no las de mayor importancia, pues La Paz y Quito poseen mayor importancia a nivel nacional (en la primera está la sede del gobierno y la segunda es la capital del país). Sin embargo, esto no significa que necesariamente el español de estas dos ciudades sea menos prestigioso dentro de Bolivia y Ecuador. De hecho, tanto en Guayaquil como en Santa Cruz se suele tener un relativo aprecio propio por su habla, posiblemente como resultado de cuestiones de identidad regional. Por otro lado, el español de Santa Cruz de la Sierra guarda muchas similitudes con el español de Paraguay. Lima, por su parte, es la capital del Perú y su español tiene mucho prestigio a nivel nacional, incluso muchos peruanos están convencidos de que el español de Perú (realmente se refieren al español de Lima) es uno de los más neutros de América, a pesar de ser un español de tierras bajas.

Principales rasgos fonéticos del español de Lima, Guayaquil y Santa Cruz

- Aspiración de [s] al final de sílaba y palabra (en Lima se da usualmente ante consonante y parece ser menos frecuente que en Guayaquil y Santa Cruz). Es un fenómeno en variación.
- [x] es débil, es decir glotal [h], aunque puede haber variación con [x] velar.
- Elisión de [ð] intervocálica. Es un fenómeno en variación.
- [n] velar al final de palabra [ŋ].
- [β], [ð], [ɣ] suelen debilitarse o elidirse entre vocales. *Andaba* = [andaᵝa] o [anda:a].
- [r] suele ser vibrante múltiple (a veces puede asibilarse en el caso de Santa Cruz. Para asibilación, ver el capítulo 7 sobre México).
- [ɾ] final suele elidirse en Guayaquil.

- Distinción entre *ll/y* en Santa Cruz y yeísmo en Lima y Guayaquil. Para más detalles sobre la distinción *ll/y* y el yeísmo, ver la sección de fonética de La Paz, Quito y Cusco.

Principales rasgos morfosintácticos del español de Santa Cruz, Guayaquil y Lima

- En Santa Cruz y Guayaquil se usa el **voseo**. Este es similar al de Centroamérica. En Guayaquil el voseo suele estar estigmatizado y muchos hablantes prefieren usar el tuteo. En Santa Cruz, por su parte, el voseo suele estar muy aceptado.
- En cuanto a Lima, esta ciudad solamente usa el **tuteo**. De hecho, todo el Perú es un país de tuteo. Algunos estudios del pasado señalaban la presencia del voseo en algunas regiones de Perú, pero esto ya ha sido desmentido por estudios más recientes que han comprobado que el voseo ya está extinto en todo el Perú.

Vocabulario típico de Bolivia

- **Abarca**. Sandalia.
- **Chupa**. Adulador/a.
- **Chupaco/a**. Alcohólico/a. *Carlos es bien chupaco. Todos los días se bebe ocho cervezas.*
- **Huevada**. Tontería.
- **Pachamama**. Madre Tierra.
- **Paceño/a**. De La Paz.
- **Pega**. Trabajo.
- **Pipoca**. Palomitas de maíz.
- **Raspadillo**. Refresco granizado.
- **Tutuma**. Recipiente hecho de calabaza.

Vocabulario típico de Ecuador

- **¿Sí me cachas?** ¿Me entiendes?
- **Acholarse**. Avergonzarse.
- **Acolitar**. Acompañar, ayudar con algo.

- **Chiro/a.** Sin dinero. *No puedo ir al cine. Estoy chiro.*
- **Chulla.** Sin par. *Tengo un zapato chulla.*
- **Estar amarrado/amarrada.** Estar de novio/a de alguien.
- **Huevón/a.** Tonto/a.
- **Man.** Chico, chica. *La man no vino.*
- **Mi so.** Compañero/a, amigo/a (mi socio/a).
- **Mote.** Maíz desgranado y cocido.
- **Tripear.** Disfrutar, pasarlo bien.

Vocabulario típico de Perú

- **Calato/a.** Desnudo/a.
- **Cancha.** Palomita de maíz.
- **Cañita.** Pajilla, pajita.
- **Palta.** Aguacate.
- **Causa.** Amigo/a.
- **Combi.** Autobús.
- **Huachafo/a.** Que aparenta algo que no. *Solo estuviste 3 días en Madrid y ya estás hablando como madrileño. No seas huachafo.*
- **Huevo.** Montón. *Tengo un huevo de trabajo.*
- **Jato.** Casa.
- **Maletear.** Criticar a alguien.
- **Misio.** Sin dinero, pobre.
- **Monse.** Tonto/, ingenuo/a.
- **Pata.** Amigo/a.
- **Pendejo/a.** Astuto/a.
- **Pichirruchi.** Persona insignificante.
- **Pisco.** Bebida alcohólica tradicional.
- **Pucha.** Expresión de sorpresa. *¡Pucha! ¿Por qué no me avisaste?*

Ejercicio 1. Responde.

- ¿Cuáles son los países andinos?
- ¿Qué hace únicos a Bolivia, Ecuador y Perú como regiones típicamente andinas?
- ¿Qué clima hay en las ciudades andinas?
- ¿Qué tipo de variedad de español tiene la zona andina?
- ¿Cuáles son las ciudades importantes de las tierras bajas de Bolivia, Ecuador y Perú? ¿Qué ciudades están en la costa?

- ¿Cómo difiere el clima entre las ciudades de Santa Cruz, Guayaquil y Lima?
- A nivel de prestigio, ¿cómo es la situación del español de Santa Cruz, Guayaquil y Lima?

Ejercicio 2. Responde.

- ¿Qué ciudades andinas tienen mayor población indígena?
- ¿Dónde se habla el quechua y el aimara?
- ¿Por qué el español de Cusco no es el más prestigioso de Perú, a pesar de ser de tierras altas?
- ¿Por qué los habitantes de Santa Cruz suelen valorar positivamente su español, a pesar de ser de tierras bajas y no el de la capital del país?

Ejercicio 3. Señala las letras *s* donde [s] se puede sonorizar en el español andino.

- Mis tíos
- Los artistas
- Esas ilusiones
- Tienes quince años
- Vives en Quito
- Mejores amigos
- Más frío
- Tres estudiantes
- Presidentes hispanos
- Muchos abrazos

Ejercicio 4. Transcribe las letras *ll/y* con los símbolos fonéticos correspondientes a la distinción según el español paceño, cusqueño y quiteño.

• Hallé	La Paz y Cusco	[ ]	Quito	[ ]
• Mayoría	La Paz y Cusco	[ ]	Quito	[ ]
• Rayo	La Paz y Cusco	[ ]	Quito	[ ]
• Muralla	La Paz y Cusco	[ ]	Quito	[ ]
• Llorar	La Paz y Cusco	[ ]	Quito	[ ]
• Estrellarse	La Paz y Cusco	[ ]	Quito	[ ]
• Cayó	La Paz y Cusco	[ ]	Quito	[ ]
• Enrollarse	La Paz y Cusco	[ ]	Quito	[ ]
• Leyes	La Paz y Cusco	[ ]	Quito	[ ]
• Lluvioso	La Paz y Cusco	[ ]	Quito	[ ]

Ejercicio 5. ¿Cómo se pronunciarían las siguientes palabras con reducción de vocales?

• Manos   _____

• Pagues   _____

• Tienes   _____

• Paredes   _____

• Aves   _____

• Parados   _____

• Yates   _____

• Lames   _____

• Altos   _____

• Amos   _____

Ejercicio 6. ¿Quién lo dijo? ¿Un paceño, un cusqueño o un quiteño? ¿Los tres?

• ¿Vos tienes frío?   _____

• ¿Quieres tú venir?   _____

• ¿De dónde eres tú?   _____

• Vos siempre me dices la verdad.   _____

• Quizás vos no eres de aquí.   _____

• Dime qué piensas.   _____

• ¡Si tú me ayudaras!   _____

• Vos crees que soy tonto.   _____

• ¿Quieres que vaya con vos?   _____

• Mándame un WhatsApp.   _____

Ejercicio 7. Transcribe *ll/y* con el símbolo fonético que corresponde, según la ciudad. Recuerda usar los símbolos [ʎ] y [ʝ].

	Lima / Guayaquil	Santa Cruz
• Calle	[ʝ]	[ʎ]
• Soya	_____	_____
• Mayo	_____	_____
• Yoga	_____	_____
• Pollo	_____	_____
• Haya	_____	_____
• Halla	_____	_____
• Yema	_____	_____
• Paraguayo	_____	_____
• Caballo	_____	_____
• Estrellarse	_____	_____
• Enrollarse	_____	_____

Ejercicio 8. ¿A qué palabras corresponden las siguientes transcripciones?

- [oʝo] _____
- [roʎo] _____
- [rejes] _____
- [maʝa] _____
- [maʎa] _____
- [ʝoʝo] _____
- [jeɾno] _____
- [ʎeβaɾ] _____
- [ajeɾ] _____
- [miʎones] _____

Ejercicio 9. ¿Quién lo dijo? ¿Alguien de Santa Cruz, Guayaquil o Lima?

- ¿Tienes frío? _____
- Decime qué pasó. _____
- ¿Fuiste a la fiesta? _____
- ¡Andate de aquí! _____
- Olvidame. _____
- ¡No vengas! _____
- Quiero que lo averigües. _____
- ¿No tendrás frío? _____
- Vení mañana. _____
- Ayúdame. _____

Ejercicio 10. Escribe 9 preguntas usando palabras peruanas, ecuatorianas y bolivianas (3 por país). Luego hazlas a alguien de la clase.

- _____
- _____
- _____
- _____
- _____
- _____
- _____
- _____
- _____

Recursos adicionales

- Para comparar el dialecto de tierras altas y tierras bajas de Bolivia, busca entrevistas con el expresidente boliviano Evo Morales (tierras altas) y la expresidenta interina Jeanine Áñez (tierras bajas).
- Otro ejemplo del acento de tierras altas boliviano es *Entrevista con David Choquehuanca Céspedes, el ministro de Asuntos Exteriores de Bolivia* en https://youtu.be/_1JbNGlniuY
- Ejemplo de tierras altas de Ecuador *Ecuador, Tierra del Chocolate* en https://www.youtube.com/watch?v=U7zDL7u2CBo

- Ejemplo del voseo ecuatoriano de tierras altas *Dialogo Película Que tan Lejos* en https://youtu.be/9w4sqpcppIo
- Ejemplo del español de Guayaquil *¿Qué opinas sobre el examen SER BACHI-LLER?* en https://youtu.be/UkOoEvJl_FA
- Ejemplo del acento cusqueño en el anuncio *Llama* en https://www.youtube.com/watch?v=guXBlG6kwTc
- Un ejemplo del español limeño *Obesidad en los niños: Ver TV aumentaría consumo de snacks* en https://youtu.be/z27jSLB_w_U?t=2m59s

Referencias

Andrade Ciudad, L. (2016). *The Spanish of the Northern Peruvian Andes: A Sociohistorical and Dialectrological Account.* Peter Lang AG.

Arrizabalaga, C. (2001). Noticias de la desaparición del voseo en la costa norte del Perú. *Lingüística Española Actual*, 23(2), 257–74.

Dankel, P. & Gutiérrez Maté, M. (2018). Vuestra atención, por favor 'your attention, please'. Some remarks on the usage and history of plural vuestro/a in Cusco Spanish (Perú). En M. Hummel & C. Dos Santos Lopes (Eds.), *Forms of Address terms and constructions in the Spanish speaking world* (pp.317–359), De Gruyter.

Haboud, M. & De la Vega, E. (2008). Castellano ecuatoriano. En A. Palacios (Ed.), *El español en América* (pp. 161–187), Ariel.

Lara Bermejo, V. (2018). Acomodación en los pronombres de tratamiento de ecuatorianos en España. *Lengua y Migración*, 7(31), 7–31.

Risco, R. (2018). *Estudios de variación y contacto lingüístico en el español peruano.* Universidad Nacional de La Plata.

CAPÍTULO 11

El español de Chile

Aunque el origen de la palabra Chile no se sabe con certeza, se cree que puede venir de alguna de las lenguas indígenas locales. El nombre de este país no está relacionado con los chiles picantes. De hecho, acá al chile se le llama *ají*. Dada su peculiar forma geográfica, alargada por miles de kilómetros, Chile posee una gran diversidad de paisajes, desde desérticos y planos (en el norte) hasta montañosos y verdes (en el sur). La región occidental linda con el océano Pacífico, que por estas latitudes sus aguas se vuelven más frías. Por otro lado, su parte oriental está amurallada por la impresionante cordillera de los Andes. Chile también es un país muy urbanizado y bastante desarrollado en comparación con el resto de Hispanoamérica. Su capital, Santiago, está justo a los pies de los Andes. Muy cerca de Santiago, se encuentra la ciudad de Valparaíso con su puerto (el más importante de Chile). Valparaíso es famosa por sus coloridas casas enclavadas en cerros con hermosas vistas al Pacífico. Viña del Mar, a la par de Valparaíso, también es otra ciudad muy conocida dentro del mundo hispano. Cada año, en febrero, se celebra en ella el festival de música más importante de Hispanoamérica, el Festival Internacional de la Canción de Viña del Mar. El festival dura varios días, durante los cuales se presentan los cantantes más famosos del mundo hispano.

En cuanto a su población, la mayor parte de los chilenos son mestizos o blancos. Durante el siglo XIX hubo mucha inmigración europea, especialmente alemana. La población indígena corresponde a un poco menos del 13 %, según el último censo de 2017. El grupo indígena más sobresaliente son los mapuches.

Otro dato interesante sobre Chile es que este es un país altamente sísmico. Realmente todos los países hispanoamericanos que están al lado del Pacífico, desde México hasta Chile, tienen actividad sísmica abundante, pero el caso de Chile sobresale porque ha tenido terremotos de muchísima intensidad, incluyendo el más fuerte del mundo, el de Valdivia en 1960. En Hispanoamérica, al menos en los países del Pacífico donde la actividad sísmica es notable, se usa la palabra "terremoto" solo para referirse a movimientos telúricos de gran magnitud, por ejemplo, uno de 6 grados o más, o movimientos sísmicos que causan mucha destrucción. Cuando un movimiento es leve, poco sensible o de moderada intensidad, se suele llamar "temblor". Así que si visitas Chile y notas que la tierra se mueve, no digas "¡Terremoto!" sino "¡Temblor!" para no causar pánico injustificado a quienes te rodean.

A pesar de la larga extensión geográfica de Chile, de norte a sur, el español de este país es relativamente uniforme. A nivel fonético, posee muchas similitudes con los dialectos de tierras bajas. El dialecto chileno también tiene una entonación muy singular y suele ser fácil de detectar por muchos hispanoamericanos, sobre todo por aquellos que veían "Sábado Gigante", un programa de televisión sabatino, ya desaparecido, que se vio por toda Latinoamérica y que duró al aire 53 años. El programa era conducido por el chileno Mario Kreutzberger (en el que se hacía llamar "Don Francisco"). Si bien este presentador intentaba hablar "neutro" y recibía mucha influencia del español cubano de Miami, ciudad en donde dirigió mayormente el programa, su acento mostraba algunos rasgos del español chileno como la entonación, la aspiración de [s] final y el uso de algunos vocablos chilenos o sudamericanos (por ejemplo, el uso de "cuento" para decir "chiste"). Su acento era más evidente cuando hacía escenas cómicas con una actriz chilena conocida dentro del programa como "la cuatro" (Gloria Benavides).

A nivel morfológico, Chile mantiene un sistema pronominal de segunda persona informal muy interesante. Es de notar que en el pasado Chile fue una región de voseo como lo fue, y es en muchos casos todavía, el resto del mundo hispano. No obstante, el voseo en Chile, así como otros fenómenos lingüísticos locales que no coincidían con la norma en España, fue fuertemente condenado por la clase educada y académica de los siglos XVIII, XIX y XX, a tal punto que pareciera que dicha estigmatización hizo que casi desapareciera. Lo que pasó en estos tiempos es que se creía que el español podía convertirse en un idioma diferente en cada país de América, como pasó con el latín y las lenguas romances en Europa. Por esta razón, la idea de los académicos de estas épocas era defender la unidad lingüística del español y condenar todos aquellos rasgos que se desviaran del español de España.

Así que, las personas de clase alta y el sistema de educación chileno promovieron el uso del tuteo como lo "correcto". En cierta medida, el tuteo se instaló en la alta sociedad y en la gente con estudios. Por otro lado, a nivel popular, especialmente entre las personas con menos acceso a la educación, el voseo se mantuvo. Lo interesante es que se formó una especie de dualidad entre *tú* y *vos*, estigmatizándose la palabra *vos* y sustituyéndose por *tú* pero al mismo tiempo se siguieron usando las conjugaciones verbales del voseo diptongado (como las terminaciones de *vosotros*). Todo esto se sumó a que los chilenos hacen un alto grado de aspiración de [s] final de sílaba, lo que dio como resultado nuevas formas de conjugación. De esta manera, y como veremos más adelante, surge el voseo chileno con características morfológicas propias.

Aunque en principio no lo parezca, las terminaciones verbales del voseo chileno poseen cierta similitud con las del voseo de la edad media o, en su defecto, con las del *vosotros* moderno de España (especialmente con las de los verbos que terminan en -ar). Como lo dijimos antes, lo interesante del voseo chileno, cuyo significado es el mismo del tuteo, y no el de *vosotros*, es que dado que en Chile la aspiración de [s] y su elisión al final de sílaba son muy frecuentes, sus conjugaciones han perdido la *s* final que se conserva en las conjugaciones de *vosotros*. Así, por ejemplo, *tú habláis* se ha convertido en *tú hablái*. De esta manera, al escuchar el voseo chileno pareciera que no fuera voseo, sino un tuteo diferente, ya que escuchamos *tú* aunque se diga "hablai". En Chile también se puede oír *vos* [bo] de vez en cuando, pero no con tanta frecuencia como sucede con la forma *tú* acompañada de las conjugaciones verbales antes mencionadas.

Recordaremos que el voseo de Maracaibo, Venezuela, también usa formas del tipo *vos habláis* y al ser este un dialecto que también aspira la [s], estas se suelen pronunciar sin la *s* final. Sin embargo, las del voseo chileno, como veremos más adelante, suelen ser distintas para los verbos que terminan en -er. Otra diferencia radica en la dirección en que la aceptación hacia ambos voseos va. Por un lado, Maracaibo está dentro de un país cuya capital, Caracas, usa el tuteo. Por otro lado, la zona andina venezolana también tiene un voseo con conjugaciones verbales similares a las de Centroamérica, además de ustedeo. En este sentido, diríamos que el voseo en Venezuela es solo un rasgo dialectal de algunas regiones del país, siendo el tuteo la norma estándar y de prestigio. En el caso chileno, la situación es diferente. Parece ser que en el siglo XVIII el voseo era común en todas las clases sociales de Chile, pero a partir del siglo XIX sufre un decaimiento y estigmatización, rezagándose a los estratos sociales bajos. Estudios recientes sobre el español chileno han encontrado que el voseo chileno ha ido ganando prestigio desde finales del siglo XX en todas las clases sociales, especialmente entre la gente joven. Esto se puede percibir al escuchar conversar a la juventud chilena, así como en los programas de televisión juveniles, o de corte informal, en los medios de comunicación chilenos, donde el uso del voseo es bastante frecuente. Quizá esto se deba a varios factores que están relacionados con el bienestar económico de Chile y del orgullo nacional dentro de su población. Chile no solo sobresale a nivel económico, las universidades chilenas están entre las más prestigiosas del mundo hispano. Vimos un caso similar cuando estudiamos el español de Costa Rica, donde el orgullo nacional se demuestra a través del aprecio hacia rasgos lingüísticos locales. Sea como sea, el voseo chileno sigue, en cierta forma, estando en el clóset y la norma culta sigue prefiriendo el tuteo. Quien quita que dentro de unos años, con todo este auge entre los jóvenes y su fuerte identidad lingüística, el voseo chileno llegue a constituirse como la norma culta dentro de este país. Para más información sobre el español chileno, ver Aliaga Rencoret et al. (2006), Bishop et al. (2010), Cautín-Epifani (2018), Eguiluz (1962), Fernández-Mallat (2018, 2020), González Riffo (2019), Helincks (2012, 2015), Pulido Astorga (2017), Rivadeneira (2016), Rivadeneira et al. (2011), Rojas (2012) y Torrejón (1986, 1989, 1991).

Ficha sobre Chile

Nombre oficial: República de Chile
Población: 18 186 770 (2020)
Presidente del gobierno: Sebastián Piñera Echenique (2020)
Moneda: Peso
Capital: Santiago
Ciudades principales: Valparaíso, Concepción, Viña del Mar
División territorial: Regiones
Personajes famosos: Don Francisco, Gabriela Mistral, Pablo Neruda, Salvador Allende, Isabel Allende, Michelle Bachelet, Augusto Pinochet, Mon Laferte, La Ley, Myriam Hernández, Condorito
Comida típica: Empanadas, empanada de pino, humitas, curanto, calzones rotos, porotos con riendas, pisco

Principales rasgos fonéticos del español de Chile

- Aspiración de [s] final de sílaba: [s] = [h]. Esta sucede antes de consonante y de vocal. Es un fenómeno en variación, pero la frecuencia de esta es muy alta en todas las clases sociales.
- Elisión de [s] final de sílaba. Más frecuente entre las clases sociales bajas.

- [xe] y [xi] a veces se pronuncian de manera palatal (la fricción se da en el paladar y no en el velo), como [çe] y [çi]. Este sonido existe en alemán en palabras como *ich, nicht.*
- [r] múltiple se pronuncia a veces de manera fricativa [ʒ] (como la *s* de *measure* en inglés).
- [tɾ] se pronuncia a veces de manera alveolar (en vez de dental), es decir [tʃɹ], como la combinación *tr* en inglés.
- Elisión de [r] final de sílaba, especialmente en los verbos en infinitivo, sucede a veces entre las clases sociales bajas.
- La elisión de [d] intervocálica en -ado es frecuente en el habla informal.
- En las clases sociales bajas, el dígrafo ch [tʃ] suele pronunciarse de una manera fricativa, es decir, como *sh* [ʃ] y a veces como [ts]. Es un fenómeno en variación.

Principales rasgos morfosintácticos del español de Chile

El rasgo morfológico más llamativo del español chileno es su voseo. Este está muy extendido en el habla informal y entre los jóvenes. A nivel culto, sin embargo, el tuteo es muy frecuente.

La conjugación del voseo chileno

- La forma más simple de formar el voseo chileno es recurrir a las raíces y conjugaciones verbales de *vosotros* o de *vos* en Centroamérica, con las siguientes reglas para sus terminaciones. Recordemos que en Chile la [s] final se aspira u omite con mucha frecuencia, así que la *s* final en los verbos que terminan en -er e –ir suele ser aspirada [h] o elidida.

-áis se convierte en –ái	vosotros habláis	tú hablái
-éis se convierte en –ís	vosotros coméis	tú comís
-ís se mantiene como –ís	vosotros vivís	tú vivís

- Excepciones: se mantienen las conjugaciones verbales del tuteo en el imperativo afirmativo (*ama tú*), el pretérito (*tú fuiste*) y el imperfecto del subjuntivo cuando termina en -se (*que tú cantases*).
- Los siguientes verbos tienen formas irregulares en presente:

Ser: *tú soi* o *tú eri*
Haber: *tú habís* o *tú hai*
Ver: *tú vis* o *tú veis*

- Se usan los pronombres *te*, *tu* y *ti*. Ejemplos:

Ayer te vi.
Me gusta tu camisa.
Esto es para ti.
Quiero ir contigo.

- A veces se usa *vos* (pronunciado [bo]) en vez de *tú* en contextos muy informales. Puede sonar vulgar o demasiado informal: *¡Vos soi muy malo!*

Vocabulario típico de Chile

- **¿Cachái?** ¿Entiendes?
- **Ají.** Chile (verdura picante).
- **Al tiro.** Inmediatamente.
- **Bacán.** Excelente, bien.
- **Cabritas.** Palomitas de maíz.
- **Caña.** Resaca.
- **Carrete.** Fiesta.
- **Cuático/a.** Raro/a.
- **Culiado/a.** Imbécil, cabrón/a (malsonante).
- **Cuico/cuica.** Presumido/a, esnob.
- **Flaite.** De poca clase, ordinario/a, bajo/a.
- **Fome.** Aburrido/a.
- **Guagua.** Bebé.
- **La raja.** Lo máximo.
- **Mula.** Falso/a, de mentira.
- **Palta.** Aguacate.
- **Pisco.** Bebida alcohólica tradicional.
- **Po.** Pues (típicamente al final de una oración).
- **Polla.** Lotería.
- **Pololo/polola.** Novio/novia.
- **Taco.** Embotellamiento vehicular.

- **Viejito pascuero.** Santa Claus.
- **Weá.** Cosa.
- **Weón/a.** Tonto/a, amigo/a, chico/a (puede ser muletilla, de confianza o insulto).

Ejercicio 1. Investiga sobre las siguientes personalidades y personajes chilenos.

- Augusto Pinochet.
- Isabel Allende.
- Pablo Neruda.
- Condorito.
- El viejito pascuero.

Ejercicio 2. Practica la aspiración de [s] final de sílaba como en el dialecto chileno.

- Estoy en Santiago.
- Somos estudiantes.
- Esos libros no son míos.
- Ellos quieren zapatos nuevos.
- Hay muchas cartas en ese buzón.

Ejercicio 3. Pronuncia las siguientes palabras de forma dental (estándar) y alveolar [tʃɹ].

- Tren
- Tres
- Traer
- Traigo
- Tránsito
- Entretenido
- Atrasar
- Trabajo
- Traductor
- Tristeza

Ejercicio 4. Pronuncia la pronunciación de *je*, *ji*, *ge*, y *gi* en las siguientes palabras de forma velar [x] y palatal [ç].

- Gente
- Gitano
- Jefe

- Jengibre
- Jerarquía
- Generalmente
- Página
- Giro
- Coraje
- Jirafa

Ejercicio 5. Transforma al voseo chileno.

- ¿Dónde estás? _____
- Creo que andas muy triste. _____
- ¿Por qué te enojas? _____
- Tú sabes que no puedo ir. _____
- ¿Me entiendes? _____
- Dime la verdad. _____
- ¿Cuándo llegas de México? _____
- ¿Te acuerdas de mí? _____
- Es lo mejor que puedes hacer. _____
- ¿Tú ves esa telenovela? _____
- Apaga la luz, por favor. _____
- Te ayudo si quieres. _____
- ¿De dónde eres? _____
- ¿Ya has visto esa película? _____
- ¿Dormiste bien? _____
- ¿Me ayudas? _____
- ¿Jugabas fútbol cuando eras niño? _____
- ¿Adónde vas? _____
- ¿Por qué lees Condorito? _____
- ¿Me compras un regalo? _____

Ejercicio 6. Completa las oraciones con una palabra del léxico chileno.

- La comida mexicana tiene mucho _____.
- Esa película me parece _____.
- No quiero ir, ¿_____lo que quiero decir?
- Mi mejor amiga tiene una _____ que llora mucho.
- Ese sándwich de _____ está buenísimo.
- Pobrecito, lo dejó su _____
- Oye, _____no quiero ir.
- Ah, qué _____, también me gusta.
- Es urgente. Necesitamos hacerlo _____.
- ¡No sé qué hacer, _____!
- Detesto a ese _____.
- No me gusta esa _____.

Ejercicio 7. Practica el siguiente diálogo entre dos chilenos. Luego transfórmalo al español "estándar".

- Hola weón, ¿Cómo estái?
- Aquí, weón, estudiando para el examen, weón. ¡Qué hambre tengo!
- Sí, weón. Detesto esa weá. Hay un carrete ahora y tienen comida. ¿Cachái?
- ¿Querís que vayamos? ¿Sabís qué tienen de comida?
- Sí, weón. Tienen sándwiches y están buenísimos.
- Buena idea, weón. Yo quiero uno con palta y ají, pero al tiro, porque tengo hambre.
- Vamos, po, weón. Esos sándwiches son la raja, weón.
- Vamos, po. ¡Qué bacán!

Recursos adicionales

- Un buen recurso para escuchar el acento chileno es el canal de YouTube *Hola Soy German*, el youtubero número uno en español (abril de 2021).
- Reportaje sobre el español chileno *Hablamos mal los chilenos* en https://www.youtube.com/watch?v=n4XqujAZxvQ
- Anuncio chileno *Me tengo que ir* en https://www.youtube.com/watch?v=ot-laaEVRvSI
- La canción *Te enojai por todo* del grupo Sinergia contiene muchos de los rasgos del español chileno, incluyendo ejemplos del voseo chileno, en https://www.youtube.com/watch?v=4sbSaqixA5U

- Puedes encontrar en la red muchas películas chilenas. Algunas recomendaciones son *Una mujer fantástica* (que ganó el Óscar como mejor película de habla no inglesa en 2017), *No* (2012), *La casa lobo* (2018), *Rara* (2016), *El Club* (2015) y *Aquí no ha pasado nada* (2016).

Referencias

Aliaga Rencoret, J., Aravena Osorio, P., Farías García, D., Jaque Hidalgo, M. & Moya Muños, P. (2006). *El español de Chile: Cinco momentos* [Informe final de seminario de grado para optar al grado de licenciado en Lengua y Literatura Hispánica con mención en Lingüística, Universidad de Chile].

Bishop, K. & Michnowicz, J. (2010). Forms of address in Chilean Spanish. *Hispania*, 93(3), 413–429.

Cautín-Epifani, V. & Rivadeneira Valenzuela, M. (2018). Variación sociolingüística del voseo verbal chileno en interacciones escritas en la Biografía Facebook. *Onomázein*, 4, 49–69.

Eguiluz, L. (1962). Fórmulas de tratamiento en el español de Chile. *Boletín de Filología*, 14, 169–233.

Fernández-Mallat, V. (2018). Alternancia y variación de formas verbales tuteantes y voseantes en el español de santiaguinos: estudio de caso basado en un corpus conversacional. *Boletín de Filología*, 53(1), 63–82.

Fernández-Mallat, V. (2020). Forms of address in interaction: Evidence from Chilean Spanish. *Journal of Pragmatics*, 161, 95–106.

González Riffo, J. (2019). Redundancia de clíticos y voseo pronominal en el corpus PRE-SEEA de Santiago de Chile: apreciaciones sobre su distribución sociolingüística. *Lenguaje*, 47(1), 01-27.

Helincks, K. (2012). La variación social y estilística del voseo chileno en diferentes géneros televisivos. *Revista Internacional de Lingüística Iberoamericana*, 10(1), 185–211.

Helincks, K. (2015). Negotiation of terms of address in a Chilean television talk show. *Bulletin of Hispanic Studies*, 92(7), 731–752.

Pulido Astorga, P. & Rivadeneira, M. (2017). "En la vida teníh que luchar para salir adelante". Variación pragmático-discursiva y sociolingüística en los usos no deícticos de la segunda persona del singular en el español de Chile. *Onomázein*, 37(3), 16-40.

Rivadeneira, M. (2016). Sociolinguistic variation and change in Chilean voseo. En M. Moyna & S. Rivera-Mills (Eds.), *Forms of address in the Spanish of the Americas* (pp. 87–117). John Benjamins.

Rivadeneira, M. & Clua, E. (2011). El voseo chileno: una visión desde el análisis de la variación dialectal y funcional en medios de comunicación. *Hispania*, 94(4), 680–703.

Rojas, D. (2012). Actitudes lingüísticas de hispanohablantes de Santiago de Chile: Creencias sobre la corrección idiomática. *Onomázein*, 26(2), 69–93.

Torrejón, A. (1986). Acerca del voseo culto de Chile. *Hispania*, 69(3), 677–683.

Torrejón, A. (1989). Andrés Bello, Domingo Faustino Sarmiento y el castellano culto de Chile. *Thesaurus: Boletín del Instituto Caro y Cuervo*, 44(3), 535–58.

Torrejón, A. (1991). Fórmulas de tratamiento de segunda persona singular en el español de Chile. *Hispania*, 74(4), 1068–1076.

CAPÍTULO 12

El español de Paraguay

Dentro del mundo hispano, poco se sabe sobre la cultura y gente de Paraguay. Sin embargo, veremos que es una nación lingüística y culturalmente muy rica. Geográficamente, es un país bastante llano y, al igual que Bolivia, no tiene salida al mar.

El español paraguayo es un español de tierras bajas, con muchas similitudes con el español de Santa Cruz de la Sierra en Bolivia (aspiración de [s] final ante consonante, distinción *ll/y*, etc.). Quizás lo que más llama la atención de Paraguay, y que es poco conocido por muchos hispanoamericanos, es que es una nación bilingüe y multicultural. Posee dos lenguas oficiales: el español y el guaraní (la lengua original de los pueblos indígenas de esta región sudamericana). Se dice que casi el 90 % de la población paraguaya habla guaraní. El guaraní también se habla en algunas regiones de Brasil, Argentina y Bolivia. Hay dos cosas que diferencian la situación del guaraní en Paraguay si lo comparamos con lo que acontece con otras lenguas indígenas en otros países de América. Lo primero es que en Paraguay el guaraní posee cierto prestigio a nivel institucional (es una lengua oficial junto con el español) y lo segundo es que la mayoría de sus hablantes no son indígenas (más del 70 % de paraguayos son mestizos, otro 20 % son blancos y solo un 5 % indígenas). Se dice que la situación del guaraní se pudo haber favorecido con la manera en que se llevó a cabo la imposición del cristianismo y la organización colonial durante la conquista española. Los indígenas de esta región eran generalmente nómadas, es decir, que no vivían en un solo lugar. Así que los colonos españoles y sus misiones religiosas (jesuitas, franciscanos, dominicos, etc.) organizaron a los indígenas en pueblos autosuficientes y más sedentarios. Los religiosos europeos, por su parte, aprendieron la lengua guaraní para cristianizar. Esto no fue así en la mayor parte de América, donde los indígenas fueron obligados a aprender el español, lo que hizo que las lenguas originarias de América fueran estigmatizadas tanto por los conquistadores como por los mismos hablantes indígenas.

La presencia del guaraní en el día a día de este país ha influido considerablemente en el español paraguayo, especialmente a nivel léxico. Se podría decir que la mayor parte de paraguayos son bilingües, con un mayor uso del español en las ciudades grandes y del guaraní en el campo. Cuando el español paraguayo se habla con mucho influjo del guaraní se le llama **guarañol**. Por su parte, cuando el guaraní está muy influido por el español se le llama **yopará**.

El caso del bilingüismo paraguayo ha sido bastante estudiado por muchos lingüistas de todo el mundo. Muchos estudiosos llegaron a la conclusión de que en Paraguay se vive una situación de **diglosia**. Diglosia es un fenómeno lingüístico que consiste en la convivencia de dos lenguas dentro una sociedad, una variedad alta y otra baja. La variedad alta es la lengua del gobierno y la educación y la variedad baja es la lengua de la casa. En el caso paraguayo, el español es la lengua de la educación y el gobierno (variedad alta), y el guaraní es la lengua de la casa, la familia y los amigos (variedad baja).

Algunas palabras de origen guaraní lograron extenderse al español estándar, e incluso a otras lenguas, por ejemplo, ananá (palabra para llamar a la piña en algunas regiones), mandioca (yuca en algunas regiones), maraca, maracuyá, piraña, ñandú, tucán, entre otras. Para más información del español paraguayo, ver Corvalán (1977, 1989), De Granda (1988), Krasan et al. (2017), Lipski (1994), Rodríguez (2019) y Rubin (1968).

Ficha sobre Paraguay

Nombre oficial: República del Paraguay
Población: 7 191 685 (2020)
Presidente del gobierno: Mario Abdo Benítez (2020)
Moneda: Guaraní
Capital: Asunción
Ciudades principales: Ciudad del Este, Luque, San Lorenzo
División territorial: Departamentos
Personajes famosos: Larissa Riquelme, José Luis Chilavert, Agustín Pio Barrios, Arsenio Erico, Ramón Delgado, Néstor Amarilla, Alfredo Stroessner, Augusto Roa Bastos
Comida típica: Tereré, sopa guaraní, Chipa Guazú, chipá, Vorí-Vorí, Kivevé

Principales rasgos fonéticos del español de Paraguay

- La [s] final de sílaba se aspira, [s] = [h], especialmente antes de consonante. Es un fenómeno en variación.
- Distinción entre *ll*/*y* (ver la sección de fonética de La Paz, Quito y Cusco en el capítulo 10).
- [ɾ] final de sílaba a veces tiene pronunciación aproximante alveolar sonora [ɹ] (similar a la *r* del inglés). Es un fenómeno en variación.
- La combinación *tr* se pronuncia a veces como alveolar, es decir como *tr* en inglés [tʃr]. Es un fenómeno en variación.
- Las letras *d* y *b* suelen pronunciarse de manera más débil cuando están en posición intervocálica, con una oclusión casi nula.
- [x] es velar.

Principales rasgos morfosintácticos del español de Paraguay

- Leísmo. Similar al de Madrid, pero también extendido al objeto directo femenino.
- Voseo (similar al de Centroamérica). El voseo en Paraguay suele estar bien aceptado, incluso a nivel culto.
- Uso de partículas del guaraní para hacer énfasis. *Na* = *por favor*: *dámelo na* (se usa al final del verbo), *Pa*, *pio*, *ta* = partículas de interrogación: *¿Con quién pa? ¿Con quién pio?*

Vocabulario típico de Paraguay

- **¿Y después?** ¿Qué hay de nuevo?
- **Boludo/a.** Tonto/a.
- **Che.** Expresión para llamar la atención o de sorpresa.
- **Culí.** Presumido/a.
- **Hallarse.** Alegrarse.
- **Irse en.** Irse a.
- **Le parece a.** Se parece a.
- **Mitaí.** Niño/a.
- **Quitar.** Sacar.
- **Tereré.** Bebida con yerba mate y agua fría.

- **Yiyi.** Chica guapa.
- **Zorro/a.** Policía de tránsito.

Ejercicio 1. Explica los siguientes términos.

- Guaraní
- Yopará
- Guarañol
- Diglosia

Ejercicio 2. ¿Sabes qué significan las siguientes palabras de origen guaraní?

- Ananá
- Mandioca
- Maraca
- Maracuyá
- Piraña
- Ñandú
- Tucán

Ejercicio 3. ¿Cómo se pronunciarían las siguientes oraciones con aspiración de [s] final ante consonante?

- Los cantantes. _____
- Estoy triste. _____
- Es obvio. _____
- Es grande. _____
- Arroz con pollo. _____
- Me gusta. _____
- Les ayudé. _____
- No es divertido. _____
- Antes y después. _____
- Escríbanos un email. _____

Ejercicio 4. Transforma al leísmo paraguayo.

- La vi en la clase. _____
- No lo conozco. _____
- Tengo que apoyarlos. _____
- Mencionalas a todas. _____
- Yo lo quiero mucho. _____
- Ellos la adoptaron. _____
- Deténgalas, por favor. _____
- ¿Los cuidás? _____
- Ella lo acostó en la hamaca. _____

Ejercicio 5. Repaso del voseo. Transforma al voseo paraguayo.

- Tienes que visitarme. _____
- ¡Ayúdame! _____
- ¿Me llamas? _____
- ¡Sal de aquí! _____
- ¿Quieres que vaya contigo? _____
- Necesito que me lo digas. _____
- Dímelo, por favor. _____
- Esto es para ti. _____

Ejercicio 6. Usa una partícula del guaraní en las siguientes oraciones.

- ¡Vengan! _____
- ¿Dónde? _____
- ¿Me ayuda? _____
- ¡Alcánceme la sal! _____
- ¿Para qué? _____

Ejercicio 7. Haz las siguientes preguntas a un compañero/a. Las palabras en negrita corresponden a palabras y expresiones del vocabulario típico paraguayo.

1. ¿Beberías **tereré** todas las noches antes de acostarte?
2. **Che** ¿Creés que tu papá **le parece** a Tom Cruise?
3. ¿Me consideras una persona **culí**?
4. ¿Dónde **te quitarías una foto** especial?
5. ¿Te caen bien los **zorros**?
6. Cuando comienza el semestre, ¿**te hallás** demasiado?
7. ¿Por qué **pio** viniste a esta universidad?

Recursos adicionales

- ¿Quieres saber cómo suena el guaraní? Busca extractos de las películas paraguayas *7 cajas* (de 2012) o *Hamaca Paraguaya* (de 2006). https://youtu.be/WQvbEjk5Ivg?t=24
- Traduce palabras del español al guaraní en http://www.iguarani.com

Referencias

Corvalán, G. (1977). *Paraguay: país bilingüe*. Asunción: Centro Paraguayo de Estudios Sociológicos.

Corvalán, G. (1989). *Política lingüística y educación*. Asunción: Centro Paraguayo de Estudios Sociológicos.

De Granda, G. (1988). *Sociedad, historia y lengua en el Paraguay*. Bogotá: Instituto Caro y Cuervo.

Krasan, M., Audisio, C., Juanatey, M., Krojzl, J. & Rodríguez, M. (2017). *Material de consulta para el docente en contextos de diversidad lingüística: estructuras contrastivas guaraní – español / quechua – español*, Facultad de Filosofía y Letras, Universidad de Buenos Aires.

Lipski, J. (1994). *Latin American Spanish*. Longman Pub Group.

Rodriguez, Y. (2019). Spanish-Guarani Diglossia in Colonial Paraguay: A Language Undertaking. En B. Weber (Ed.), *The Linguistic Heritage of Colonial Practice* (pp.153–168). De Gruyter.

Rubin, J. (1968). *National Bilinguism in Paraguay*. La Haya: Mouton.

CAPÍTULO 13

El español de Buenos Aires (Argentina) y Montevideo (Uruguay)

Al igual que sucede con el español de El Salvador y Honduras, el español de Montevideo y el de Buenos Aires son bastante similares. Culturalmente ambas ciudades tienen mucho en común. Por esta razón, agruparemos ambas ciudades juntas y las usaremos como representación de la norma lingüística de más prestigio de ambos países. A este español lo llamaremos rioplatense (por el río de la Plata que separa a ambos países).

Uruguay es uno de los países más pequeños y menos poblados de Sudamérica. Más de la mitad de la población vive en el área metropolitana de Montevideo. En cuanto a su demografía, más de un 87 % de su gente es de origen europeo. Su territorio es prácticamente llano, con algunas colinas (especialmente en el departamento de Maldonado). Destaca también que sea una de las economías más estables de América Latina. Asimismo, el Uruguay ha sido uno de los países más progresistas del mundo hispano, siendo, en muchos casos, uno de los primeros en la ampliación de derechos para diferentes sectores de la población (por ejemplo, el divorcio se legalizó en 1907, el derecho de la mujer al voto en 1927, el consumo de la marihuana en 2013, el matrimonio igualitario en 2015).

Argentina, por su parte, es uno de los países más extensos del mundo. Al igual que otros países de Sudamérica es un país sumamente urbanizado, con más de un 90 % de su población viviendo en grandes ciudades (más de un 30 % vive en el Gran Buenos Aires). Demográficamente, más de un 50 % es de origen europeo, mientras que más de un 27 % son de origen indígena. Argentina recibió mucha inmigración italiana y española, especialmente entre finales del siglo XIX y principios del siglo XX. La presencia italiana ha quedado muy marcada en su cultura, especialmente en su español y su gastronomía.

Aunque en menor medida que México y España, Argentina también ha sido un fuerte referente cultural en el mundo hispano. Su español se ha dado a conocer a través de sus grandes escritores, su música popular (especialmente rock), sus telenovelas y cine. El español de Buenos Aires es, quizás, el acento más distintivo del español. Sobresale al oído de cualquier hispano su particular entonación, que suena como si fuera italiano, la pronunciación de *ll/y* como *sh* y el voseo.

Hemos visto que el voseo es un rasgo bastante extendido en muchos países y regiones de América Latina. Sin embargo, son los argentinos quienes lo han sacado a la luz en todo el mundo hispano. Tanto así que muchas personas asocian el voseo con Argentina solamente. Ello se debe a que en Argentina el voseo está muy aceptado en todos los niveles sociales, incluyendo el culto. Es común que los argentinos voseen en los medios de comunicación, en la publicidad, en los letreros de las tiendas, en las películas, en la música, en la escuela, cuando hablan con extraños, etc. Así que el voseo en Argentina está totalmente fuera del clóset. Se podría decir que esto se debe, en cierta forma, a la personalidad del argentino. Los argentinos suelen estar muy orgullosos de lo nacional en cualquier aspecto, desde la cultura, la gastronomía, los productos de exportación y la historia de su país hasta su diversidad geográfica. Como lo hemos visto en varias ocasiones, cuando las personas tienen una alta autoestima nacional, estas suelen enorgullecerse de su lengua, usando rasgos lingüísticos particulares para enfatizar su orgullo.

El español uruguayo, especialmente el de Montevideo, es muy similar al de Buenos Aires (y no es de extrañar dada la relativa cercanía entre ambas ciudades). Se pueden notar algunas diferencias en vocabulario y matices en el uso del voseo, pero, en general, ambos acentos no suelen ser fáciles de diferenciar. Evidentemente, si hablamos de cada país en completo, encontraremos que fuera de sus capitales hay muchas variedades de español que se alejan de lo que llamamos español rioplatense. El español de algunas provincias argentinas puede llegar a ser muy distinto. En cuanto a Uruguay, sobresale el español que se habla en el norte, en la frontera con Brasil, donde se da una especie de **portuñol** (mezcla de español con portugués). Esta mezcla es conocida también como **fronterizo** y ha sido estudiada por algunos lingüistas interesados en el contacto y convivencia de dos lenguas. A pesar de que ambos países cuentan con diferentes dialectos regionales, el español de Buenos Aires y Montevideo, o sea el rioplatense, suelen ser la norma a nivel nacional respectivamente. A propósito de esto, al español en esta región se le llama castellano (y no español), mientras que a los habitantes de la ciudad Buenos Aires se les conoce como **porteños**.

Ficha sobre Uruguay

Nombre oficial: República Oriental del Uruguay
Población: 3 387 605 (2020)
Presidente del gobierno: Luis Lacalle Pou (2020)
Moneda: Peso
Capital: Montevideo
Ciudades principales: Ciudad de la Costa, Salto, Paysandú, Maldonado
División territorial: Departamentos
Personajes famosos: Mario Benedetti, Eduardo Galeano, Juan Carlos Onetti, Horacio Quiroga, José Mujica, Juan Álvarez
Comida típica: Asado, chivito, empanadas, farinata, chajá

Ficha sobre Argentina

Nombre oficial: República Argentina
Población: 45 479 118 (2020)
Presidente del gobierno: Alberto Fernández (2020)
Moneda. Peso
Capital: Buenos Aires
Ciudades principales: Córdoba, Rosario, Mendoza, La Plata, San Miguel de Tucumán
División territorial: Provincias
Personajes famosos: Jorge Luis Borges, Ernesto "Che" Guevara, Diego Armando Maradona, Eva Perón, Lionel Messi, Fito Páez, Gustavo Cerati, Enanitos Verdes, Pimpinela, Susana Giménez, Mafalda
Comida típica: Bife de chorizo, empanadas, milanesas, locro, chimichurri, pasta, dulce de leche, mate, alfajores

Principales rasgos fonéticos del español de Buenos Aires y Montevideo

- Rehilamiento o [ʒeísmo] y ensordecimiento o **sheísmo** de *ll/y* al inicio de sílaba. Consiste en pronunciar [j] como [ʒ] (rehilamiento, un sonido parecido a la *s* de *measure* en inglés) o como [ʃ] (ensordecimiento, similar a *sh* en inglés) **al inicio de sílaba** cuando la grafía corresponde al dígrafo *ll* y la letra *y* (*lla, lle, lli, llo, llu, ya, ye, yi, yo, yu*). El rehilamiento parece ser más frecuente entre personas mayores, mientras que los jóvenes suelen preferir el ensordecimiento, aunque puede haber variación entre ambos sonidos en un mismo hablante y entre los hablantes de diferentes edades. Igualmente, el rehilamiento parece ser más frecuente en Montevideo que en Buenos Aires, donde el ensordecimiento parece tener más fuerza. También existen otras variantes de [ʝ] pero el rehilamiento y ensordecimiento son los de mayor frecuencia. En todo caso, hay mucha variación en cuanto a la pronunciación de *ll/y*: *Yo me llamo Yolanda* = Rehilamiento o ʒeísmo: [ʒo.me. ʒa.mo. ʒo.lan. da]. Ensordecimiento o sheísmo: [ʃo.me.ʃa.mo.ʃo.lan.da].

- Aspiración de [s] al final de sílaba ante otra consonante. A diferencia del español andaluz y del Caribe, la aspiración de [s] al final de sílaba solo sucede cuando hay una consonante después. En los casos en que hay una vocal o nada, la [s], por lo general no se aspira. Es un fenómeno en variación. Ejemplo: *Nosotros estamos contentos* = [no.so.tro.**seh**.ta.**moh**.kon.ten.tos].
- [x] velar para la grafía *j* y las combinaciones *ge* y *gi*. Es interesante que en este dialecto convivan los sonidos [x] y [h] en diferentes contextos, por ejemplo: *Los pájaros juegan* [**loh**.pa.xa.**roh**.xue.ɣan].
- Entonación circunfleja. Si bien la entonación de los porteños no es necesariamente la de un dialecto italiano en específico, su influencia italiana es obvia y suele ser percibida así por el resto de hablantes hispanos, con un tono que sube y baja.
- Alargamiento de vocales acentuadas, especialmente al final de oración y cuando se quiere hacer énfasis. Ejemplo: *La casa* [la.ka:.sa] o "la caaasa".

Principales rasgos morfosintácticos del español de Buenos Aires y Montevideo

Si bien existen numerosos rasgos morfosintácticos en el español de estas dos ciudades, el que más llama la atención es el voseo. Algo interesante del voseo en Argentina es que este está extendido en todos los niveles sociolingüísticos, incluyendo el de la escuela (se usa en los libros de texto escolares desde la primaria). Es raro que un argentino utilice el tuteo, incluso cuando está fuera de Argentina. Por esta razón, es muy frecuente que la mayor parte de hispanohablantes asocien el voseo con Argentina, a pesar de que, como hemos visto, el voseo se usa en muchos países de América.

El voseo en Argentina sobrepasa el nivel informal, observándose también en la publicidad, la radio, la televisión y el habla culta. En cuanto a Montevideo, el voseo también posee un uso bastante fuerte y es casi la norma. La diferencia con

Argentina radica en que en algunas regiones de Uruguay hay cierta ambivalencia entre *vos* y *tú* y se pueden escuchar combinaciones de tuteo con voseo como *tú sos* en vez de *tú eres* o *vos sos*. Aun así, el voseo en Uruguay posee mucho prestigio ya que forma parte del habla de su capital, Montevideo.

Respecto a su conjugación, el voseo argentino y uruguayo es similar al de Centroamérica (ver el capítulo 8), excepto que en el subjuntivo presente y en los mandatos negativos se suelen usar más las formas del tuteo (*no vengas, no duermas* en vez de *no vengás, no durmás*). Aunque sí es posible escuchar en el imperativo negativo las formas agudas (*¡no hablés!*), las llanas parecen favorecerse más. Algunos hablantes sostienen que la diferencia entre "no vayas" y "no vayás" está en la cortesía, escuchándose "no vayás" más brusco. Para más sobre el español rioplatense, ver Academia Argentina de Letras (1982), Behares (1981), Bertolotti (2012), Carricaburo (1999), Chang (2008), Correa et al. (2012), Dambrosio (2016), Fontanella de Weinberg (1979, 1989), Johnson (2013), López García (2015), Miranda (2005), Moyna (2009) y Weyers (2012, 2013).

Vocabulario típico de Uruguay

- **Championes**. Zapatos deportivos.
- **Palillo**. Pinza para tender la ropa.
- **Pop**. Palomitas de maíz.
- **Pronto**. Terminado, listo.
- **¿Te animás a …?** ¿Podrías …? *¿Te animás a ayudarme?*

Vocabulario típico de Argentina

- **¡Rajá de acá!** ¡Vete de acá!
- **¿Me estás cargando?** ¿En serio?
- **¿Qué hacés?** ¿Qué tal? (informal).
- **¿Viste?** Expresión de muletilla para decir "tú sabes", "o sea".
- **Capo**. Experto. *¡Sos un capo! Arreglaste la pantalla en un segundo.*
- **Che**. Expresión de sorpresa o para llamar la atención. *Che, no sé qué hacer.*
- **Guita**. Dinero.
- **Hincha pelotas**. Fastidioso/a.
- **Heladera**. Refrigerador.
- **Laburo**. Trabajo.
- **Mina**. Chica. *Esa mina es una pelotuda.*

- **Pelotudo/a.** Imbécil.
- **Pendejo/a.** Muchacho/a, adolescente (es un término un poco despectivo, pero no es malsonante como en México y Centroamérica). Pelo púbico.
- **Pibe/a.** Chico/a.
- **Pochoclo.** Palomitas de maíz.
- **Pollera.** Falda.
- **Porteño/a.** De Buenos Aires.
- **Quilombo.** Problema, desorden. *Tremendo quilombo hizo Martín en la fiesta.*
- **Ya fue.** Expresión para decir que "ya no importa" o "que ya pasó algo". *¡Ya fue! Ya no llores, por favor.*

Ejercicio 1. Responde las siguientes preguntas (busca las respuestas en la red).

1. ¿Quién era Domingo Faustino Sarmiento? ¿En qué fue polémica su posición?
2. ¿Cuáles son los principales productos de exportación argentinos?
3. Investiga sobre el rock argentino de los años 80. ¿Quiénes han sido los principales exponentes?
4. Investiga sobre Eva Perón, Juan Domingo Perón e Isabel Perón. ¿Quiénes eran? ¿Cuál fue su relación? ¿Quiénes fueron presidentes de Argentina y en qué condiciones?
5. Argentina es el país donde más se está escuchando el lenguaje inclusivo en el habla de muchos jóvenes y de algunas personas. Busca entrevistas en YouTube de argentinos que utilicen el lenguaje inclusivo y menciona algunos ejemplos que escuchaste (palabras claves: lenguaje inclusivo Argentina).
6. Investiga sobre el expresidente uruguayo José Mujica, quien ganó muchos simpatizantes en el mundo por algunas de sus declaraciones sobre diversos temas. Busca citas de cosas que haya dicho y di lo que te parece.

Ejercicio 2. Busca videos en la red que hablen de palabras argentinas, por ejemplo, el video "Cosas Que Dicen Los Argentinos Hecho Por Un Yanqui" del youtubero estadounidense Dustin Luke. ¿Qué palabras te parecen interesantes?

Ejercicio 3. ¿Cómo se pronunciarían las letras que están en negrita en las siguientes oraciones en Buenos Aires y Montevideo? Usa el rehilamiento o ensordecimiento, la aspiración de [s] y la [x] velar.

- Quiero pollo.
- ¡Qué sé yo!

- Estoy lleno.
- Igual mejor me callo para que dejes de llorar.
- No quiero que vayas por allí con esa gente.
- Salgamos de playa porque parece quiere llover.
- Es que ya me dijiste que yo no me calle.
- ¿Me llamaste durante el trayecto?
- No, yo no te llamé.
- Yo ya llamé ayer al uruguayo.

Ejercicio 4. Alarga las vocales en las siguientes oraciones. Marca las vocales que alargues.

- No **quiero**.
- ¡Me **encanta**!
- ¡**Bueno**!
- Desde hace **tiempo**.
- ¡No me consta para **nada**!
- ¡Pero qué boludo!
- Apurate querido
- No **tiene** 7 años.
- Ya está la **torta**.
- Tranquilizate un **poco**.

Ejercicio 5. Transforma la conjugación de los siguientes verbos al voseo en presente indicativo e imperativo afirmativo.

- Aguantar   _____   _____
- Avisar   _____   _____
- Conformarse   _____   _____
- Desvelarse   _____   _____
- Disimular   _____   _____
- Encontrar   _____   _____
- Fijarse   _____   _____
- Meterse   _____   _____
- Parar   _____   _____
- Repartir   _____   _____

Ejercicio 6. Transforma las siguientes oraciones al voseo argentino.

• Soy igual que tú _____

• Si te roban a ti, es tu problema _____

• Ríes conmigo _____

• No seas interesado _____

• Necesito alguien como tú _____

• Creo que dejas mucho que desear _____

• No conduzcas en la hora pico _____

• ¿No te pusiste la chaqueta? _____

• Cuéntame qué pasó _____

• ¿Eres del Boca o del River? _____

Ejercicio 7. Escribe un diálogo usando al menos 10 palabras típicas de Argentina y voseo. Luego léelo ante la clase haciendo la pronunciación y la entonación circunfleja argentina.

Recursos adicionales

- Una canción argentina muy popular en la que puedes escuchar varios de los rasgos lingüísticos de Buenos Aires es *Igual que vos* de Ignacio Copani.
- Uno de los acentos de provincia muy distintivos dentro de Argentina es el del norte, donde la [r] se suele asibilar. Escucha la canción *Pero Raquel* de Leo Dan y presta atención a la pronunciación que hace de la erre cuando dice "Raquel".
- Reportaje sobre el lleísmo de BBC Mundo *Lleísmo* en https://youtu.be/obfMLsimdy8
- El Canal 13 de Argentina tiene en YouTube muchas grabaciones gratis de sus programas de televisión en https://www.youtube.com/eltreceok
- Un ejemplo de la entonación de Buenos Aires es el video *Acento porteño* en https://youtu.be/412mjsoEf5I
- Los videos del youtubero estadounidense Dustin Luke, que imita muy bien a los argentinos, te pueden ayudar mucho a conocer más sobre el español argentino y cómo imitarlo.
- La música de Jorge Drexler y del grupo Los Iracundos te puede ayudar a escuchar a familiarizarte con el acento uruguayo. Notarás que tienden a mantener el tuteo en sus canciones.
- El video *Publicidad Pepsi Pecsi - Mostaza Merlo* es una buena práctica del acento argentino en https://youtu.be/apTNe32B0n0
- Te recomendamos los reportajes de CNN español *Diccionario de argentinismos: ¿qué significan bancar, birome, che y quilombo?* en https://cnnespanol.cnn.com/2019/07/11/diccionario-de-argentinismos-que-significan-bancar-birome-che-y-quilombo y BBC News Mundo *¿Por qué en algunos países hay voseo y en otros no?* en https://youtu.be/GpyJ8GP7PWg
- Práctica final: El actor mexicano Gael García Bernal hace el acento argentino en en la película *Diarios de motocicleta* (chileno en *No* y español en *La mala educación*). Los siguientes sitios tienen muestras de acentos *Los acentos del español* https://elpais.com/especiales/2016/acentos-del-espanol y *Dialectos del español, dime cómo hablas y te diré de dónde eres* en https://www.dialectosdelespanol.org

Referencias

Academia Argentina de Letras (1982). El voseo en la Argentina. *Boletín de la Academia Argentina de Letras*, 47, 290–295.

Behares, L. (1981). Estudio sociodialectológico de las formas verbales de segunda persona en el español de Montevideo. En A. Elizaincín, M. C. Azqueta, et al. (Eds.), *Estudios sobre el español del Uruguay* (pp. 27–49). Universidad de la República, Facultad de Humanidades y Ciencias, Dirección General de Extensión Universitaria, División Publicaciones y Ediciones.

Bertolotti, V. (2012). *A mí de vos no me trata ni usted ni nadie*. Universidad Nacional Autónoma de México.

Carricaburo, N. (1999). *El voseo en la literatura argentina*. Madrid: Arco/Libros.

Chang, C. (2008). Variation in Palatal Production in Buenos Aires Spanish. En Westmoreland, M. & Thomas, J. A. *Selected Proceedings of the 4th Workshop on Spanish Sociolinguistics* (pp. 54–63). Cascadilla Proceedings Project

Correa, P. & Rebollo Couto, L. (2012). Sociolingüística rioplatense: principales fenómenos de variación. *Español Actual*, 98, 161–216.

Dambrosio, A. (2016). *Fórmulas de tratamiento y educación en el español bonaerense: las consignas didácticas en el nivel primario* (DOI: 10.13140/RG.2.2.22271.82084) [Tesina de Licenciatura en Letras, Universidad Nacional del Sur, Bahía Blanca].

Fontanella de Weinberg, M. (1979). La oposición <<Cantes/Cantés>> en el Español de Buenos Aires. *Thesaurus*, 34, 72–83.

Fontanella de Weinberg, M. (1989). Avances y rectificaciones en el estudio del voseo americano. *Thesaurus*, 44(3), 523–33.

Johnson, M. C. (2013). *The Pragmatic Alternation Between Two Negative Imperatives in Argentinian Spanish* [Tesis de doctorado, The Ohio State University].

López García, M. (2015). "Aprendan el vosotros para hablar con los españoles en su idioma": la identificación lingüística en Argentina como tensión entre el orgullo y la minusvaloración. *Historia y Memoria de la Educación*, 2, 97–124.

Miranda, L. (2005). Proximidad y distancia en contextos orales voseantes. *Anclajes*, 9(9), 233–250.

Moyna, M. I. (2009). Child Acquisition and Language Change: Voseo Evolution in Río de la Plata Spanish. En J. Collentine et al (Eds.), *Selected Proceedings of the 11th Hispanic Linguistics Symposium* (pp. 131–142). Cascadilla Proceedings Project.

Weyers, J. (2012). Voseo in Montevideo's Advertising: Reflecting Linguistic Norms. *Studies in Hispanic and Lusophone Linguistics*, 5(2), 369–385.

Weyers, J. (2013). Linguistic attitudes toward the tuteo and voseo in Montevideo, Uruguay. *Spanish in Context*, 10(2), 175–198.

Respuestas a los ejercicios

Capítulo 1. El mundo hispano y su división política

Ejercicio 1. ¿Conoces las capitales de los países hispanos? Escribe el nombre de las capitales que conozcas (aunque Puerto Rico no es un país, lo incluiremos en esta lista).

- España: Madrid
- Cuba: La Habana
- República Dominicana: Santo Domingo
- Puerto Rico: San Juan
- México: Ciudad de México
- Guatemala: Guatemala
- El Salvador: San Salvador
- Honduras: Tegucigalpa
- Nicaragua: Managua
- Costa Rica: San José
- Panamá: Ciudad de Panamá
- Colombia: Bogotá
- Venezuela: Caracas
- Ecuador: Quito

- Perú: Lima
- Bolivia: La Paz y Sucre
- Paraguay: Asunción
- Chile: Santiago
- Uruguay: Montevideo
- Argentina: Buenos Aires

Ejercicio 2. Las siguientes son algunas de las ciudades más importantes del mundo hispano. ¿Puedes decir a qué país pertenecen? Ojo: algunas de estas ciudades existen en más de un país.

- Barranquilla: Colombia
- Cali: Colombia
- Córdoba: Argentina, México, España
- Cusco: Perú
- Guadalajara: México, España
- Guayaquil: Ecuador
- Medellín: Colombia
- Mendoza: Argentina
- Monterrey: México
- Puebla: México
- Quetzaltenango: Guatemala
- Rosario: Argentina
- San Pedro Sula: Honduras
- Santa Cruz de la Sierra: Bolivia
- Santiago: Chile, España, República Dominicana, Cuba
- Sevilla: España
- Valencia: Venezuela, España
- Valparaíso: Chile

Ejercicio 3. ¿Qué países hispanos forman las siguientes regiones?

- Norteamérica: México
- Centroamérica: Guatemala, El Salvador, Honduras, Nicaragua, Costa Rica
- Sudamérica: Colombia, Venezuela, Ecuador, Perú, Bolivia, Chile, Paraguay, Uruguay y Argentina
- El Caribe: Cuba, República Dominicana, Puerto Rico y Panamá
- Peninsular: España

Ejercicio 4. Responde las siguientes preguntas.

1. ¿Qué país o región del mundo hispano te llama más la atención? ¿Por qué? Respuesta libre
2. ¿Has estado en algún país hispano? Si tu respuesta es positiva, ¿adónde fuiste? ¿Por cuánto tiempo? ¿Qué cosas te parecieron interesantes? Si no has estado, ¿a cuál país te gustaría ir? Respuesta libre
3. (3) ¿Por qué crees que la palabra "indio/a" ha agarrado una connotación negativa en muchos países hispanos? Explica. Respuesta libre. Posible respuesta: discriminación hacia los indígenas

Ejercicio 5. En la geografía del mundo hispano encontramos una diversidad de climas, desde tropicales hasta invernales. Todo depende de la latitud y altitud. ¿Qué tipo de clima crees que tienen las siguientes ciudades? Usa las siguientes clasificaciones: frío, caluroso, fresco o con las cuatro estaciones.

- Bogotá, Colombia: frío, fresco
- Buenos Aires, Argentina: cuatro estaciones
- Caracas, Venezuela: caluroso
- Ciudad de Guatemala: fresco
- Ciudad de México: cuatro estaciones
- Ciudad de Panamá: caluroso
- La Paz, Bolivia: frío, fresco
- Madrid, España: cuatro estaciones
- Santiago de Chile: cuatro estaciones
- Santo Domingo, República Dominicana: caluroso

Ejercicio 6. Responde las siguientes preguntas.
Respuestas libres

Capítulo 2. La variación lingüística

Ejercicio 1. Explica los siguientes conceptos. Da ejemplos.

- Lengua: sistema de comunicación lingüístico
- Idioma: es la lengua de un país o una región, por ejemplo, el español, el inglés, etc.

- Lenguaje: un sistema de códigos
- Dialecto / Variedad: forma de hablar de una región
- Sociolecto: forma de hablar de un grupo social
- Registro: forma en que hablamos dependiendo del contexto en que nos encontramos
- Acento: entonación, dialecto o variedad
- Cantadito: término informal para referirse a la entonación
- Sociolingüística: se enfoca en los aspectos sociales, como los sociolectos y los registros de los hablantes
- Dialectología: se enfoca más en la parte geográfica, es decir, dónde se dice qué.

Ejercicio 2. ¿Lengua, lenguaje, idioma, dialecto / variedad, registro?

- El sistema de comunicación oral y escrito de las personas de Haití en comparación con el de Francia. Lengua, idioma.
- La forma de hablar de la gente de Sídney, Australia en comparación con la de Nueva York, EE. UU. Dialecto / variedad.
- El sistema de comunicación oral de las personas de Jamaica en comparación con el de Inglaterra. Dialecto / variedad.
- Cómo hablamos cuando visitamos al doctor. Registro.
- Cómo se comunican las aves. Lenguaje.
- Cuando usamos gestos para expresarnos. Lenguaje.
- La forma de hablar de la gente de La Habana en comparación con la de Madrid. Dialecto / variedad.
- El código Morse. Lenguaje.
- El sistema de comunicación oral y escrito de las personas de Brasil en comparación de las de Portugal. Dialecto / variedad.
- Cuando usamos *usted* en vez de *tú* para expresarnos. Registro.

Ejercicio 3. ¿Tierras altas o bajas? Predice si la pronunciación de *s* final de sílaba será clara o como *j*.

Ciudad	Altitud (metros sobre el nivel del mar)
• Asunción, Paraguay	Tierras bajas s = j 43
• Barranquilla, Colombia	Tierras bajas s = j 18
• Caracas, Venezuela	Tierras bajas s = j 900
• Cusco, Perú	Tierras altas s = s 3400

Ciudad	Altitud (metros sobre el nivel del mar)
• Guatemala, Guatemala	Tierras altas s = s 1500
• La Habana, Cuba	Tierras bajas s = j 59
• La Paz, Bolivia	Tierras altas s = s 3625
• Lima, Perú	Tierras bajas s = j 154
• Managua, Nicaragua	Tierras bajas s = j 83
• México DF, México	Tierras altas s = s 2250
• Montevideo, Uruguay	Tierras bajas s = j 43
• San José, Costa Rica	Tierras altas s = s 1300
• San Juan, Puerto Rico	Tierras bajas s = j 20
• San Salvador, El Salvador	Tierras bajas s = j 670
• Santa Cruz, Bolivia	Tierras bajas s = j 416
• Santiago, Chile	Tierras bajas s = j 567
• Santo Domingo, Rep.	Tierras bajas s = j 14
• Tegucigalpa, Honduras	Tierras bajas s = j 990
• Veracruz, México	Tierras bajas s = j 10

Ejercicio 4. Piensa en un ejemplo de variación, en español o inglés, de los siguientes tipos.

- Fonética: este / ejte (español), often [ˈɒfən]/[ˈɒftən] (inglés).
- Morfológica: calientito / calentito (español), isn't / ain't (inglés).
- Sintáctica: voy a verlo / lo voy a ver (español), it may go away / it may should go away (inglés).
- Léxica Español: carro / coche. Inglés: restroom / washroom

Después de encontrar los ejemplos, responde las siguientes preguntas sobre cada uno de los ejemplos:

1. ¿Cuál de las 2 palabras piensas que se usa más? Respuestas pueden variar.
2. ¿Quiénes usan más esas palabras? ¿Crees que la frecuencia de su uso depende de algún factor extralingüístico como el género, la edad, el nivel económico, etc. del hablante? Respuestas pueden variar.
3. ¿Piensas que hay algún factor lingüístico que ayude al uso de una forma sobre la otra? Respuestas pueden variar.

Ejercicio 5. Responde las siguientes preguntas.

1. ¿Sabes distinguir cuando una persona nativa del inglés no es de tu ciudad? ¿Cómo lo sabes? Respuestas pueden variar.
2. ¿De qué partes del mundo anglosajón es más fácil distinguir el acento? ¿Por qué? ¿Cómo lo notas? Respuestas pueden variar.
3. ¿Conoces algunos acentos del español? ¿Cuáles? ¿Podrías mencionar algo característico de ellos? Respuestas pueden variar.
4. ¿Qué dialectos del inglés se consideran "mejores" y "peores"? Respuestas pueden variar.

Ejercicio 6. Responde las siguientes preguntas según la lectura.

1. Según algunos hablantes hispanos, ¿dónde se habla el "mejor español" y el "español neutro"? Colombia, Lima, España, etc.
2. ¿En qué se basan muchos hablantes para pensar que un español es mejor o neutro? Relación entre la ortografía, el prestigio cultural, etc.
3. ¿Hay un español neutro o mejor? ¿Por qué sí? ¿Por qué no? No lo hay. Todos los hablantes del español tienen un acento.
4. ¿Qué es la aspiración de [s]? Cuando *s* se pronuncia como *j* al final de sílaba. (5) ¿Por qué es posible que alguien que hace la aspiración de [s] critique a otro que la hace? Porque la mayoría de hablantes no están conscientes de los fenómenos lingüísticos que hacen.
5. ¿Es posible no tener acento? No
6. ¿En qué dialectos se usan más anglicismos? Todos usan anglicismos.

Capítulo 3. Principales sonidos del español

Ejercicio 1. Pon atención a las reglas de cuándo se usan los siguientes sonidos: [b, d, g, β, ð, γ] y determina cuál usaríamos en los ejemplos señalados con letras en negrita.

- Podría dormir boca arriba o boca abajo. [ð] [ð] [β] [β] [β] [β]
- Duerme lo que puedas para madrugar. [d] [ð] [ð] [γ]
- Nada del otro mundo. [ð] [ð] [d]
- No se vale disimular. [β] [ð]
- Bebe un vaso de vino blanco. [b] [β] [b] [β] [β]
- Sal de día y no de noche. [d] [ð] [ð]

- Me duele el dedo gordo. [ð] [d] [ð] [ɣ] [ð]
- Me da cosa no ser detallista. [ð] [ð]
- Escribe diez veces bolígrafo. [β] [ð] [β] [β] [ɣ]
- Dizque Don David está bien desvelado. [d] [ð] [d] [ð] [β] [d] [β] [[ð]

Ejercicio 2. Escribe dos palabras que contengan los siguientes sonidos.

[tʃ]	ocho	mucho
[ʝ̪]	llevar	hoyo
[x]	gente	joven
[ɲ]	año	piña
[r]	ruso	arroz
[ɾ]	caro	bravo
[g]	gato	guerra
[ɣ]	hago	pegar
[b]	bello	vainilla
[β]	huevo	abogado
[d]	dolor	dime
[ð]	hada	mudo

Ejercicio 3. ¿Qué palabras representan las siguientes transcripciones fonéticas?

- Ocho
- Allá
- Gente
- Niño
- Oro
- Hago
- Iba
- Lado
- Llamo
- Ajo
- Pero
- Estaba
- Dedo
- Perro
- Enviar

- Lejos
- Raro
- Florida
- Añorar
- Bobo

Ejercicio 4. ¿Es posible usar el sonido [z] en las letras marcadas en negrita? Repasa la regla de [z] en el resumen de los sonidos del español.

• El presente.	No es posible.
• La música.	No es posible.
• ¿En qué zona?	No es posible.
• Los desiertos.	Es posible en lo[z] desiertos. No es posible en "desiertos".
• Mis amigos.	No es posible.
• Los dos chicos.	Es posible en lo[z] dos chicos.
• Desde ayer.	Es posible en de[z]de.
• Zapatos de cuero.	Es posible en zapato[z] de cuero. No es posible en "zapato".
• Una vez más.	Es posible en ve[z] más.
• Tus hermanos.	No es posible.
• Rayos láser.	Es posible en rayo[z] láser. No es posible en "láser".
• Un clóset.	No es posible.

Ejercicio 5. Identifica las semivocales en las siguientes palabras. Recuerda que estas se encuentran en los diptongos y triptongos. Utiliza los símbolos correspondientes [i̯] o [u̯].

- Ciudad [i̯]
- Europa [u̯]
- Laico [i̯]
- Laura [u̯]
- Mariano [i̯]
- Pie [i̯]
- Pionero [i̯]
- Rey [i̯]
- Soy [i̯]

- Suave [u̯]

Ejercicio 6. Identifica el sonido *schwa* en las siguientes palabras del inglés. Utiliza el símbolo [ə].

- Banana: b[ə]nan[ə]
- Cinema: cin[ə]ma
- Bacon: bac[ə]n
- Curious: curi[ə]s
- Police: = p[ə]lice

Capítulo 4. Principales variedades lingüísticas de España

Ejercicio 1. ¿Usarías [s̠] o [θ] en las letras marcadas en negrita según el español castellano?

- Ne[θ]e[s̠]ito [θ]inco [θ]umo[s̠].
- Hay que ha[θ]er la[s̠] pa[θ]e[s̠].
- Ha[θ]me la medi[θ]ina.
- ¿Hi[θ]i[s̠]te cator[θ]e [θ]ita[s̠]?
- E[s̠]to[s̠] [θ]apato[s̠] mere[θ]en e[s̠]te pre[θ]io.
- A ve[θ]e[s̠] pare[θ]e[s̠] un [θ]ientífico.
- Me apete[θ]e ir a la pi[s̠][θ]ina.
- Ha[θ]e die[θ] me[s̠]e[s̠] que te cono[θ]í.
- El pe[θ] no tiene con[s̠][θ]ien[θ]ia de [s̠]u[s̠] ac[θ]ione[s̠].
- Me ha[θ]e gra[θ]ia tu de[θ]i[s̠]ión de no comer mor[θ]illa por ra[θ]one[s̠] e[s̠]pe[θ]iale[s̠].

Ejercicio 2. Señala en qué letras se usaría el sonido [X].

- Ca[X]a
- Pá[X]ina
- [X]ente
- [X]ueves
- Gracias
- [X]aula
- Tra[X]e
- [X]itano

- Guerra
- [X]irafa
- Gorro
- [X]ordania
- Lengua
- [X]uventud
- Pagué
- A[X]ente
- Los Án[X]eles
- Ma[X]o
- A[X]etreo
- [X]eta

Ejercicio 3. Escribe el símbolo fonético de las letras en negrita que representan sonidos distintivos del español de Madrid.

- [θ]inco te[s̪]to[s̪].
- Vue[s̪]tra t[s̪]imenea.
- [X]avier e[s̪][s̪]e[s̪]to.
- Ha e[s̪]plotao.
- Na[s̪]i[s̪]tei[s̪] en Madri[s̪].
- Ne[s̪]e[s̪]ito una [X]aula.
- No lo de[X]aréi[s̪].
- ¡Hola t[s̪]ico[s̪]! O[s̪] quería de[s̪]ir que [s̪]oi[s̪] muy e[s̪]pe[s̪]iale[s̪].

Ejercicio 4. Transforma al español castellano las palabras que aparecen en negrita.

- Esto es para ti. Esto es pa ti.
- ¿Cómo están? Espero que estén bien. ¿Cómo estáis? Espero que estéis bien.
- Si comiéramos frutas, no estaríamos enfermos. Si comiésemos frutas, no estaríamos enfermos.
- Encantado de conocerlo, señor Ramírez. Mucho gusto de conocerle, señor Ramírez.
- La policía llegó por él. La policía llegó / ha llegado a por él.
- No me dijiste la verdad. No me has dicho la verdad.
- Si me hubieras llamado … Si me hubieses llamado …
- Ellos vienen por ustedes. Ellos vienen a por vosotros.
- ¿Para qué quieren ustedes ir? ¿Pa qué queréis vosotros ir?
- Ustedes se la apañaron muy bien. Vosotros os la habéis apañado muy bien.

Ejercicio 5. Practica leísmo. Transforma las siguientes oraciones a pronombres de objeto directo o indirecto (le, lo, les, los) según el caso y menciona si es posible el leísmo.

Ejemplos:

Vi a Marcos: Lo vi (objeto directo). Le vi (con leísmo).

Le dije la verdad: No es posible el leísmo porque "le" ya es un pronombre de objeto indirecto.

- No encuentro al niño. No lo encuentro (objeto directo). No le encuentro (con leísmo).
- Escucho al profesor. Lo escucho (objeto directo). Le escucho (con leísmo).
- ¿Por qué no amas a tu hijo? ¿Por qué no lo amas? (objeto directo). ¿Por qué no le amas? (con leísmo).
- Pusiste el niño en la cama. Lo pusiste en la cama (objeto directo). Le pusiste en la cama (con leísmo).
- No mandé la carta a Carlos. No se la mandé / No le mandé una carta a Carlos (no es posible el leísmo).
- Necesito a José. Lo necesito (objeto directo). Le necesito (con leísmo).
- Pregunta a Mario si viene. Pregúntale si viene (no es posible el leísmo).
- Sirvo una tapa a Roberto. Se la sirvo / le sirvo una tapa a Roberto (no es posible el leísmo).

Ejercicio 6. Práctica de **presente perfecto** versus **pretérito**. Escribe las siguientes oraciones con ambos tiempos. Ejemplo. *Lo haces aposta: Lo has hecho aposta / Lo hiciste aposta.*

- Me gusta mogollón el jersey. Me ha gustado mogollón el jersey. Me gustó mogollón el jersey.
- ¿Te apuntas en la lista? ¿Te has apuntado? ¿Te apuntaste?
- Me quedo frito. Me he quedado frito. Me quedé frito.
- El profe pasa de mí. El profe ha pasado de mí. El profe pasó de mí.
- Me pillas en la siesta. Me has pillado en la siesta. Me pillaste en la siesta.
- Te hace gracia mi coche. Te ha hecho gracia mi coche. Te hizo gracia mi coche.
- Esa atracción es la leche. Esa atracción ha sido la leche. Esa atracción fue la leche.
- Ese documental es una pasada. Ese documental ha sido una pasada. Ese documental fue una pasada.
- El tío se lo curra bien. El tío se lo ha currado bien. El tío se lo curró bien.

- Nos quedamos flipando con tu propuesta. Nos hemos quedado flipando con tu propuesta. Nos quedamos flipando con tu propuesta.

Ejercicio 7. ¿Cómo se pronunciarían las siguientes palabras con distinción de *s/z*, seseo y ceceo? Usa los símbolos fonéticos [s] y [θ] según el caso.

- Esa cazadora es azul.
  Distinción: Esa ca[θ]adora es a[θ]ul.
  Seseo: Esa ca[s]adora es a[s]ul.
  Ceceo: E[θ]a ca[θ]adora e[θ] a[θ]ul.
- Esto no me gusta.
  Distinción: Esto no me gusta.
  Seseo: Esto no me gusta.
  Ceceo: E[θ]to no me gu[θ]ta.
- Son cerca de quince cervezas.
  Distinción: Son [θ]erca de quin[θ]e [θ]erve[θ]as.
  Seseo: Son [s]erca de quin[s]e [s]erve[s]as.
  Ceceo: [θ]on [θ]erca de quin[θ]e [θ]erve[θ]a[θ].
- Hace muchos años que te conozco.
  Distinción: Ha[θ]e muchos años que te cono[θ]co.
  Seseo: Ha[s]e muchos años que te cono[s]co.
  Ceceo: Ha[θ]e mucho[θ] año[θ] que te cono[θ]co.
- A veces me apetece estar en la piscina.
  Distinción: A ve[θ]es me apete[θ]e estar en la pis[θ]ina.
  Seseo: A ve[s]es me apete[s]e estar en la pi[s]ina.
  Ceceo: A ve[θ]e[θ] me apete[θ]e e[θ]tar en la pi[θ]ina.

Ejercicio 8. Cambia la *s* de las siguientes oraciones a *s* aspirada y omisión de *s*. Usa los símbolos [h] o los puntos para el alargamiento de vocales, según sea el caso.

- Te espero. Te e[h]pero. Te e:pero.
- Me gustas más así. Me gu[h]ta[h] ma[h] así. Me gu:ta: ma: así.
- Estoy un poco estresado. E[h]toy un poco e[h]tresado. E:toy un poco e:tresado.
- No es como tú piensas. No e[h] como tú piensa[h]. No e: como tú piensa:
- Los andaluces somos personas muy majas. Lo[h] andaluce[h] somo[h] persona[h] muy maja[h]. Lo: andaluce: somo: persona: muy maja:
- Escribo con la mano izquierda. E[h]cribo con la mano i[h]quierda. E:cribo con la mano i:quierda.

- ¿Eres vasco o asturiano? ¿Ere[h] va[h]co o a[h]turiano? ¿Ere: va:co o a:turiano?
- Comiste muchas tapas. Comi[h]te mucha[h] tapa[h]. Comi:te mucha: tapa:
- Tal vez estudie por las mañanas. Tal ve[h] e[h]tudie por la[h] mañana[h]. Tal ve: e:tudie por la: mañana:
- Vamos a Estados Unidos. Vamo[h] a E[h]tado[h] Unido[h]. Vamo: a E:tado: Unido:

Ejercicio 9. Cambia las siguientes palabras a **aspiración** de [x] y [n] **velar**.

- Jamón. [h]amo[ŋ]
- Página. pá[h]ina
- Jarrón. [h]arro[ŋ]
- Mejor. me[h]or
- Corazón. corazo[ŋ]
- A[h]orran. aorra[ŋ]
- Geografía. [h]eografría
- Ven. ve[ŋ]
- Japón. [h]apo[ŋ]
- Saxofón. saxofo[ŋ]

Ejercicio 10. Escribe tres oraciones cortas con cada uno de los rasgos fonéticos del español de Andalucía. Respuestas pueden variar.

Ejercicio 11. Las siguientes oraciones contienen leísmo y el uso de *vosotros* como se usa en español castellano. Transfórmalas al español de la región sur de Andalucía sin leísmo y con las tres opciones de segunda persona plural y familiar posibles en Andalucía, según corresponda.

- No le he visto en todo el día. No lo he visto en todo el día.
- Le busqué por toda la ciudad, pero no le he encontrado. Lo busqué por toda la ciudad, pero no lo he encontrado.
- Tengo que conocerle. Tengo que conocerlo.
- ¿Vosotros venís conmigo? ¿Vosotros venís conmigo? ¿Ustedes vienen conmigo? ¿Ustedes venís conmigo?
- ¿Vosotros queréis comer algo? ¿Vosotros queréis comer algo? ¿Ustedes quieren comer algo? ¿Ustedes queréis comer algo?

Ejercicio 12. Lee las siguientes situaciones y reacciona usando una de las siguientes palabras: *anda* de sorpresa agradable y de desacuerdo, *hala, hostia, jo, madre mía, qué fuerte, no pasa nada, qué pesado, qué cotillas eres.* Hay más de una respuesta, todo depende del énfasis o sentimiento que quieras expresar. Las respuestas pueden variar.

Ejercicio 13. Elabora un pequeño diálogo usando 10 de palabras típicas de España. Cuando lo practiques, utiliza la pronunciación de español castellano o andaluz. Las respuestas pueden variar.

Capítulo 5. Generalidades del español de América

Ejercicio 1. El siguiente es un extracto de una carta de venta escrita en el año 1493. Te hemos señalado en negrita algunas particularidades lingüísticas y ortográficas del español del siglo XV. ¿Puedes decir cuál es el equivalente de estas palabras en español actual y explicar los cambios?

- quantos: "cuantos" se escribe con q.
- vieren: uso del futuro del subjuntivo. En la actualidad se usa el presente del subjuntivo "vean".
- vezino: "vecino" con z.
- cognosco: "conozco".
- a vos: "a usted". Uso de *vos* para marcar respeto.
- sennor: uso de nn en vez de ñ.
- estais: "está". Uso de "estáis" para el singular.
- e: y
- ençima: uso de la cedilla "encima".
- ha: uso de *haber* con el significado de "tener".
- baxo: uso de la *x* para representar sh. "bajo" en la actualidad.
- Destos: Contracción de "de estos".
- vos vendo: uso de *vos* en vez de os como pronombre de objeto (= les vendo).
- debe: ortografía de "debe".
- aver: ortografía y significado de "haber" como "tener".
- mill: ortografía de "mil".
- agora: "ahora".
- seys: "seis".
- fazen: "hacen".
- vuestro: "vuestro" para el singular.
- pagastes: pretérito con terminación en *s*.

- non: "no".
- nin: "ni".
- resçebir: "recibir".

Ejercicio 2. Responde.

- Para los hispanohablantes, ¿cuántos continentes hay? ¿Qué comprende América? 5, desde Alaska hasta Tierra del Fuego.
- ¿Quién fue Cristóbal Colón? Descubrió América.
- Menciona 3 rasgos lingüísticos del español del siglo XV que ya no se dan en el español moderno. 1. *Haber* significaba *tener* 2. *Vos* se usaba para marcar respeto 3. La eñe era doble nn 4. Existía la ce con cedilla 5. Uso del futuro del subjuntivo.
- ¿Qué es la nivelación lingüística? ¿Qué tiene que ver con el español andaluz? Cuando varios dialectos convergen entre sí formándose un nuevo dialecto. Es el caso del andaluz.
- ¿Cuáles son algunas lenguas amerindias de las que tuvo influencia el español americano? ¿Qué tipo de influencia fue esta? Da algunas palabras de ejemplo. Náhuatl, taíno, quechua, etc. La influencia fue mayormente léxica.
- ¿Cuáles son los dos rasgos lingüísticos que tiene en común todo el español americano? Ausencia de *vosotros* y de la distinción *s/z*.
- ¿Qué es la RAE? ¿Cuáles han sido algunas críticas hacia ella? Es la Real Academia Española. Se le ha criticado por eurocentrista, prescriptivista y sexista.
- ¿Dirías que la RAE es prescriptivista o descriptiva? Prescriptivista.
- ¿Qué es la arroba? ¿Para que la usan algunos hablantes? Es el símbolo @ y se usa informalmente para marcar ambos géneros en los sustantivos.
- ¿Cuáles son algunos cambios de lenguaje inclusivo aceptados en el español moderno? ¿Cuáles son algunas propuestas nuevas? El uso de nuevas palabras femeninas como jueza, presidenta, etc. Mencionar a ambos géneros como en "chicos y chicas". Algunas propuestas incluyen el uso de la arroba o las terminaciones en -es para marcar ambos géneros.

Ejercicio 3. Cambia las palabras en negrita a una forma del español popular.

- ¿Dónde estuviste ayer? ¿Dónde estuvistes ayer?
- Creo que la foto no se la enseñé a ellas. Creo que la foto no se las enseñé a ellas.
- No voy a ir, aunque haya comida. No voy a ir, aunque "haiga" comida.
- ¿Por qué no viniste a la clase? ¿Por qué no venistes ayer?

- Posiblemente no entendiste la pregunta. Posiblemente no entendistes la pregunta.
- ¡Ay! Quizá el número no se lo di a ustedes. ¡Ay! Quizá el número no se los di a ustedes.
- Hace dos años que vinimos a Estados Unidos. Hace dos años que venimos a Estados Unidos.
- Nunca me regalaste algo para mi cumpleaños. Nunca me regalastes algo para mi cumpleaños.
- El dinero se lo voy a dar a ellos mañana. El dinero se los voy a dar a ellos mañana.
- El fin de semana pasado vinimos muy tarde. El fin de semana pasado venimos muy tarde.

Ejercicio 4. Forma preguntas con los siguientes adjetivos usando la estructura "qué tan".
Las respuestas pueden variar.

Ejercicio 5. Identifica las oraciones en donde el verbo *haber* esté pluralizado y haz la corrección correspondiente. Si el verbo está correcto, simplemente escribe "correcto".

- Ellos habían hablado demasiado. Correcto.
- Deben haber dos almohadas en la cama. Debe haber dos almohadas en la cama.
- No creo que vayan a haber muchos exámenes en esta clase. No creo que vaya a haber muchos exámenes en esta clase.
- Hay 5000 estudiantes sin clases. Correcto.
- Tienen que haber al menos dos elecciones. Tiene que haber al menos dos elecciones.
- No sé si ustedes han averiguado cuánto vale esa casa. Correcto.
- En mi familia habemos más chicas que chicos. En mi familia hay / somos más chicas que chicos.
- Mañana a esta hora ya habremos regresado. Correcto.
- En la fiesta van a haber muchas sorpresas. En la fiesta va a haber muchas sorpresas.
- Ojalá me hubieran dicho la verdad. Correcto.
- En la guerra hubieron muchos muertos. En la guerra hubo muchos muertos.
- Yo creo que han habido muchas quejas. Yo creo que ha habido muchas quejas.

- La próxima semana habrán más tormentas. La próxima semana habrá más tormentas.
- Espero que hayamos hecho bien la tarea. Correcto.
- Ayer habíamos más en esta clase. Ayer éramos más en esta clase.
- No sé cuántos niños habían. No sé cuántos niños había.
- ¿Cuántos libros crees que habrían en la biblioteca? ¿Cuántos libros crees que habría en la biblioteca?
- Si hubiéramos trabajado, habríamos tenido dinero. Correcto.
- Antes habían más árboles. Antes había más árboles.
- Ellos pueden haber averiguado tus datos. Correcto.
- Es posible que hayan dos exámenes. Es posible que haya dos exámenes.
- Nos han dicho muchísimas cosas interesantes. Correcto.

Capítulo 6. El español del Caribe: Cuba, República Dominicana, Puerto Rico y Panamá

Ejercicio 1. Transforma las siguientes palabras a aspiración y omisión de [s] final de sílaba.

Aspiración	Omisión	
• Oscuro	o[h]curo	o:curo
• Máster	má[h]ter	má:ter
• Meseros	mesero[h]	mesero:
• Escúc[h]ame	e[h]cuchame	e:cuchame
• Esperar	e[h]perar	e:perar
• Estados Unidos	E[h]tado[h] Unido[h]	E:tado: Unido:
• Españoles	e[h]pañole[h]	e:pañole:
• Bastante azúcar	ba[h]tante azúcar	ba:tante azúcar
• Corazones	corazone[h]	corazone:
• Sabores especiales	sabore[h] e[h]peciale[h]	sabore: e:peciale:

Ejercicio 2. Transforma las siguientes palabras a geminación. Por ejemplo: verde = ve[dd]e.

• Cartel	ca[tt]el
• Cultura	cu[tt]ura
• Sirve	si[bb]e
• Altura	a[tt]ura
• Mercado	me[kk]ado
• Gordura	go[dd]ura
• Saltar	sa[tt]ar
• Alcanzar	a[kk]anzar
• Parque	pa[kk]ue
• Algo	a[gg]o

Ejercicio 3. Haz la laterización de [ɾ].

• Remarcar	rema[l]ca[l]
• Cuerno	cue[l]no
• Decirte	deci[l]te
• Roncar	ronca[l]
• Hortaliza	ho[l]taliza
• Moderno	mode[l]no
• Mujer	muje[l]
• Porque	po[l]que
• Puerta	pue[l]ta
• Quiero ver	quiero ve[l]
• Recoger	recoge[l]
• Universo	unive[l]so

Ejercicio 4. Transforma a [r] uvular.

• Arrepentirse	a[X]epentirse
• arropar	a[X]opar

- Raíces   [X]aíces
- Rareza   [X]areza
- Reciclado   [X]eciclado
- Recomiendo   [X]ecomiendo
- Redondo   [X]edondo
- Rendimiento   [X]endimiento
- Residente   [X]esidente
- Rico   [X]ico

Ejercicio 5. Transforma las siguientes preguntas a preguntas sin inversión de sujeto.

- ¿Dónde estás?   ¿Dónde tú estás?
- ¿A quién quieres?   ¿A quién tú quieres?
- ¿Qué dices?   ¿Qué tú dices?
- ¿Cómo te llamas?   ¿Cómo tú te llamas?
1. ¿Qué comes?   ¿Qué tú comes?
2. ¿Qué me recomiendas?   ¿Qué tú me recomiendas?
3. ¿Cuándo llegas?   ¿Cuándo tú llegas?
4. ¿Cómo lo quiere usted?   ¿Cómo usted lo quiere?
5. ¿En dónde estuviste?   ¿En dónde tú estuviste?
6. ¿Qué le pusiste a la comida? ¿Qué tú le pusiste a la comida?

Ejercicio 6. Escribe un mini diálogo usando al menos 4 palabras de cada vocabulario típico caribeño descrito arriba. Las respuestas pueden variar.

Capítulo 7. El español de México

Ejercicio 1. Responde.

1. ¿Qué tipo de español se habla en el centro de México? ¿Tierras altas o bajas? Tierras altas.
2. ¿Cómo se les suele llamar a las personas de la ciudad de México? Chilangos.
3. ¿Por qué el español del centro de México es muy reconocido en el resto del mundo hispano? Gracias a la difusión internacional de sus artistas, televisión y películas.

4. ¿Qué lengua indígena tiene muchos hablantes en México? Náhuatl ¿Qué quiere decir con que era *lingua franca*? Que es una lengua en común entre hablantes de diferentes lenguas,

5. ¿Por qué "México" se escribe con la letra *x* y no con *j*? Porque en español medieval la *x* representaba el sonido *sh*. El nombre original de México era "Méshico". Los mexicanos han preferido mantener la escritura medieval que coincide con la escritura del sonido sh con *x* en náhuatl.

6. ¿Qué pasa con la separación silábica de *tl* en el español mexicano? Se mantiene junta: a-tlas.

Ejercicio 2. Observa la siguiente lista de palabras náhuatl. ¿Cuál crees que es su traducción en español moderno? ¿Cómo se dicen en inglés? Recuerda que *x* se pronuncia como *sh*.

- Auakamoli: guacamole.
- Auakatli: aguacate.
- Chiktli: chicle.
- Chili: chile.
- Chilpoktli: chipotle.
- Koyotl: coyote.
- Tlalkakauatl: cacahuate.
- Xitomatl: tomate.
- Xokoatl: chocolate.

Ejercicio 3. Reduce las vocales en contacto con *s* en los siguientes ejemplos.

- Saludos: saluds.
- Chiquitos: chiquits.
- Ustedes: usteds.
- Muñecos: muñecs.
- Entonces: entons.
- ¿Qué bebes? ¿Qué bebs?
- ¿Sabes qué? ¿Sabs qué?
- ¡No manches! ¡No manchs!
- Buenas noches: Buens nochs.
- ¿Qué tienes que ver? ¿Qué tiens que ver?

Ejercicio 4. Pronuncia las erres de los siguientes ejemplos con asibilación.

- Salir: sali[r̝]
- Tener: tene[r̝]

- Refrito: [r]efrito
- Recuperar: [r]ecupera[r]
- A la par: a la pa[r]
- Al parecer: al parece[r]
- Repleto: [r]epleto
- Rarísimo: [r]arísimo
- Requetemal: [r]equetemal
- Regresar: [r]egresa[r]

Ejercicio 5. Agrega -le a los siguientes ejemplos. Recuerda ponerles el acento donde corresponda.

- ¡Come! ¡Cómele!
- ¡Sigue! ¡Síguele!
- ¡Mueve! ¡Muévele!
- ¡Salta! ¡Sáltale!
- ¡Sopla! ¡Sóplale!
- ¡Choca! ¡Chócale!
- ¡Agarra! ¡Agárrale!
- ¡Demos! ¡Démosle!
- ¡Apura! ¡Apúrale!
- ¡Hijo! ¡Híjole!

Ejercicio 6. Forma frases usando la estructura "entre más / menos ..." con las siguientes frases. Ejemplo: hacer más dinero: *Entre más dinero haga, mejor.*

- Estudiar más tiempo. Entre más tiempo estudie ...
- Hacer más ejercicio. Entre más ejercicio haga ...
- Viajar más con mis amigos. Entre más viaje con mis amigos ...
- Dormir menos horas. Entre menos horas duerma ...
- Jugar menos a los videojuegos. Entre menos juegue a los videojuegos ...

Ejercicio 7. Transforma las siguientes frases con el *hasta* mexicano al *hasta* del español "estándar".

- Se fue hasta tipo 8. No se fue hasta tipo 8.
- La película empieza hasta las 10 de la noche. La película no empieza hasta las 10 de la noche.
- Vamos a ir hasta el desayuno. No vamos a ir hasta el desayuno.
- El examen empezó hasta las 4 p.m. El examen no empezó hasta las 4 p.m.

- Prefiero que vengas hasta las 5 p.m. Prefiero que no vengas hasta las 5 p.m.
- Abrimos hasta las 9 a.m. No abrimos hasta las 9 a.m.
- Quiero verte hasta mañana. No quiero verte hasta mañana.
- Venga hasta después del almuerzo. No venga hasta después del almuerzo.

Ejercicio 8. Transforma las siguientes frases al uso de posesivo redundante.

- El celular de Carlos. Su celular de Carlos.
- La mochila de los niños. Su mochila de los niños.
- Los amigos de mis padres. Sus amigos de mis padres.
- Las maletas de Sofía. Sus maletas de Sofía.
- El coche de ellos. Su coche de ellos.

Ejercicio 9. Escribe 3 preguntas de cortesía usando un diminutivo. Por ejemplo: ¿Quieres un *cafecito*? Las respuestas pueden variar.

Ejercicio 10. Escribe una escena dramática de una telenovela mexicana. Usa al menos 10 palabras de la lista de palabras típicas de México, además de algunas estructuras morfosintácticas del dialecto del centro de México, como la terminación -le y el posesivo redundante. Las respuestas pueden variar.

Capítulo 8. El español de Centroamérica

Ejercicio 1. Responde las siguientes preguntas.

1. ¿Por qué no incluimos a Belice y Panamá al hablar del español centroamericano? Belice tiene como lengua oficial el inglés. Panamá es lingüística y culturalmente caribeño.
2. ¿Cuáles son los 5 países centroamericanos? Guatemala, El Salvador, Honduras, Nicaragua y Costa Rica
3. ¿Cuáles son las capitales de cada país centroamericano? Ciudad de Guatemala, San Salvador, Tegucigalpa, Managua y San José.
4. ¿Quién fue Francisco Morazán? Un prócer hondureño que soñaba con la unión de Centroamérica como una sola nación.
5. ¿Qué dialectos centroamericanos son de tierras altas y cuáles de tierras bajas? Guatemala y Costa Rica son de tierras altas y el resto de tierras bajas.
6. ¿Cuáles son los 5 apodos de cada país centroamericano? Chapines, guanacos, catrachos, nicas y ticos.
7. ¿Qué país posee mayor población indígena? Guatemala.

8. ¿Qué es el tuteo? El uso de *tú* para dirigirse con familiaridad.

9. ¿Qué es el voseo? El uso de *vos* para dirigirse con familiaridad.

10. ¿Cómo era el sistema de segunda persona en latín? *Tú* se usaba para el singular y *vos* para el plural.

11. ¿Qué pronombre de segunda persona singular se usaba en España antes de la época colonial? Vos.

12. ¿Cómo eran las conjugaciones verbales del voseo medieval? Parecidas a las de *vosotros*.

13. ¿Cuál es el origen de *vosotros*? La unión de *vos* y *otros*.

14. ¿Por qué dejó de usarse *vos* en España? Se volvió vulgar.

15. ¿Por qué algunas regiones usan *vos* y otras usan *tú*? Usan *tú* las que tenían más contacto con España y *vos* las que tuvieron menos contacto con España durante la época colonial.

16. ¿Qué actitudes tienen los centroamericanos hacia el voseo? ¿Dónde son más positivas y dónde más negativas? ¿Por qué? Dependen del país. En Costa Rica y Nicaragua las actitudes suelen ser muy positivas ya que se asocia con la identidad nacional. En Guatemala suelen ser negativas y se suele asociar con el habla de los indígenas.

17. ¿Qué es el ustedeo? ¿Dónde se da? Es el uso de usted en situaciones familiares. Se da mucho en Costa Rica.

18. ¿Por qué los centroamericanos asocian el tuteo como forma de cortesía? Porque se enseña en la escuela y se oyen en los medios de comunicación.

Ejercicio 2. Transforma la conjugación de los siguientes verbos al voseo en presente indicativo e imperativo afirmativo.

Infinitivo	Presente indicativo	Imperativo afirmativo	Subjuntivo
Amar	*amás*	*amá*	*amés / no amés*
Cepillarse	*te cepillás*	*cepillate*	*te cepillés / no te cepillés*
• Comer	comés	comé	comás
• Cerrar	cerrás	cerrá	cerrés
• Venir	venís	vení	vengás
• Apurarse	te apurás	apurate	te apurés
• Decir	decís	decí	digás
• Divertirse	te divertís	divertite	te divirtás

Infinitivo	Presente indicativo	Imperativo afirmativo	Subjuntivo
• Aguantar	aguantás	aguantá	aguantés
• Poner	ponés	poné	pongas
• Averiguar	averiguás	averiguá	averigüés
• Irse	te vas	andate	te vayás
• Jugar	jugás	jugá	jugués
• Arrepentirse	te arrepentís	arrepentite	te arrepintás
• Mentir	mentís	mentí	mintás
• Pedir	pedís	pedí	pidás
• Hacer	hacés	hacé	hagás
• Reírse	te reís	reíte	te riás
• Ser	sos	sé	seás
• Subir	subís	subí	subás
• Tener	tenés	tené	tengás
• Acostarse	te acostás	acostate	te acostés

Ejercicio 3. Transforma las siguientes frases al voseo. Recuerda que la mayoría de tiempos verbales son similares a los del tuteo.

• ¡Vuelve a Costa Rica!	¡Volvé a Costa Rica!
• ¿Por qué eres tan creído?	¿Por qué sos tan creído?
• ¡Aprovecha y ven a la fiesta!	¡Aprovechá y vení a la fiesta!
• ¡No vuelvas!	¡No volvás!
• ¡Hazme caso!	¡Haceme caso!
• ¿Tú fuiste a la ciudad?	¿Vos fuiste a la ciudad?
• Quiero que estudies una carrera corta.	Quiero que estudiés una carrera corta.
• ¿Tienes tiempo?	¿Tenés tiempo?
• Me tienes empalagado	Me tenés empalagado
• No sigas leyendo ese libro.	No sigás leyendo ese libro.
• ¿Qué dices?	¿Qué decís?
• ¡Despídete de ellos!	¡Despedite de ellos!
• Espero que duermas bien.	Espero que durmás bien.

- ¡Dime la verdad!
- ¡No pienses en esas cosas!
- Ojalá estuvieras aquí.
- ¡No repitas nada!
- Tú juegas mucho.
- ¿Te acuerdas de mí?
- ¡Oye!
- ¿Puedes ver?
- Es hora de que te acuestes.
- ¿Quieres que vaya contigo?
- Cállate.
- Ponte las pilas.
- No me acuerdo de ti.
- Me gustas mucho.
- Tu cara me suena.
- Tengo un libro tuyo.
- El libro es para tus papás.
- Haría lo que sea por ti.
- Me encanta tu sonrisa.
- Tú me odias, pero yo no a ti.
- Yo que tú, no iría.
- ¡Vete y no regreses nunca!

¡Decime la verdad!

¡No pensés en esas cosas!

Ojalá estuvieras aquí.

¡No repitás nada!

Vos jugás mucho.

¿Te acordás de mí?

¡Oí!

¿Podés ver?

Es hora de que te acostés.

¿Querés que vaya con vos?

Callate.

Ponete las pilas.

No me acuerdo de vos.

Me gustás mucho.

Tu cara me suena.

Tengo un libro tuyo.

El libro es para tus papás.

Haría lo que sea por vos.

Me encanta tu sonrisa.

Vos me odiás, pero yo no a vos

Yo que vos, no iría.

¡Andate y no regresés nunca!/¡Ite y no regresés nunca!

Ejercicio 4. Transforma a elisión de *ll/y* entre vocales o a **ultracorrección** según sea el caso.

- Ardilla
- Tío
- Ajillo
- Grillo
- Días
- Amarillo

ardía

tiyo

ajío

grío

diyas

amarío

• Gentío	gentiyo
• Martillo	martío
• Pandilla	pandía
• Frío	friyo

Ejercicio 5. Transforma las letras **b, d, g** y **v** a [b], [d], [g], [β], [ð] o [ɣ] según el contexto y el uso centroamericano. Escribe la forma estándar en la columna de la derecha.

• Salvo	sal[b]o	sal[β]o
• Arde	ar[d]e	ar[ð]e
• Desde	des[d]e	des[ð]e
• Oigo	oi[g]o	oi[ɣ]o
• Colgate	col[g]ate	col[ɣ]ate
• Sal de aquí	sal [d]e aquí	sal [d]e aquí
• Dar vía	[d]ar [b]ía	[d]ar [β]ía
• Los verdes	los [b]er[d]es	los [β]er[ð]es
• Hay vino	hay [b]ino	hay [β]ino
• Es vago	es [b]a[ɣ]o	es [β]a[ɣ]o

Ejercicio 6. Transforma a jejeo.

• El presidente	el pre[h]idente
• Nosotros	no[h]otros
• La maseta	la ma[h]eta
• La señora	la [h]eñora
• La semana	la [h]emana

Ejercicio 7. Responde. Según el español centroamericano:

- ¿Qué países mantienen la [s] final? Guatemala y Costa Rica
- ¿Qué países hacen aspiración de [s]? El Salvador, Honduras y Nicaragua
- ¿Qué país hace omisión de [s] final? Nicaragua
- ¿Qué países hacen elisión de [ð] en -ado? Nicaragua y Costa Rica
- ¿Qué países tienen el sonido bilabial [ɸ]? El Salvador y Honduras

- ¿Qué países tienen ceceo? El Salvador y Honduras
- ¿Qué países tienen jejeo? El Salvador y Honduras

Ejercicio 8. Pronuncia con la erre aproximante alveolar sonora costarricense.

• Trabajar	t[ɹ]abaja[ɹ]
• Empezar	empeza[ɹ]
• Roberto	[ɹ]obe[ɹ]to
• Raro	[ɹ]a[ɹ]o
• Tranquilo	t[ɹ]anquilo
• Redondo	[ɹ]edondo
• Antropología	ant[ɹ]opología
• Hermoso	he[ɹ]moso
• Triste	t[ɹ]iste
• Reírse	[ɹ]ei[ɹ]se

Ejercicio 9. Crea una mini conversación entre dos amigos usando el ustedeo. Las respuestas pueden variar.

Ejercicio 10. Responde usando la estructura partitiva artículo indefinido + adjetivo posesivo + sustantivo. Posibles respuestas:

- ¿Con quién bailaste la primera vez? Bailé con una mi amiga.
- ¿Qué tipo de mascota tienen tus padres? Tienen un su gato.
- ¿Qué tipo de carro tiene tu familia? Tienen un su Toyota.
- ¿Dónde guardás las cosas importantes? Las guardo en una mi caja.
- ¿Tiene usted una su cuenta de Facebook? Sí, tengo una mi cuenta de Facebook.

Ejercicio 11. Contesta o reacciona a las siguientes frases usando el uso pleonástico de la segunda persona, de uso común en Guatemala, El Salvador y Honduras. En algunos casos puedes simplemente responder con un "sí, vos" o "no, vos". Posibles respuestas:

- ¿Me podés prestar $10 000? Sí, vos.
- ¿Te gusta ir a la playa? Sí, vos.
- ¿Tenés frío? No, vos.
- ¿Qué onda, vos? Hola, vos.

- ¿Te podés una canción que dice "para bailar bamba"? No, vos.
- ¿Veá que vos sos bien tímido? Sí, vos.
- Fijate que no puedo ayudarte. Qué lástima, vos.
- Púchica, no tengo nada de pisto. Lo siento, vos.
- No vayamos a clase. Vaya pues, vos.
- ¿Te apuntás a un café? Está bien, vos.

Ejercicio 12. Crea oraciones usando algunas de las palabras típicas centroamericanas. En cada ejemplo escribe de qué país es la persona que lo diría. Las respuestas pueden variar.

Capítulo 9. El español de Colombia y Venezuela

Ejercicio 1. ¿Dónde serían débiles o nulas [β], [ð] y [ɣ]? Usa los símbolos de debilitamiento [ᵝ], [ᵟ] y [ᵞ].

• Estas navidades	Estas na[β]i[ð]a[ð]es
• ¿Dónde andabas?	¿Dónde anda[β]as?
• Me gusta todo	Me [ᵞ]usta to[ð]o
• Hágame un favor	Há[ᵞ]ame un fa[β]or
• No sé qué pasaba	No sé qué pasa[β]a
• Voy a Bogotá	Voy a [β]o[ᵞ]otá
• No me lo ha dado	No me lo ha [ð]a[ð]o
• El presidente	El presi[ð]ente
• Se le cae la baba	Se le cae la [β]a[β]a
• En el Éverest	En el É[β]erest

Ejercicio 2. ¿Dónde serían [β], [ð] y [ɣ] oclusivas? Indica también la pronunciación del español estándar.

Ejemplo:	Estándar	Colombiano
Alba	al[β]a	al[b]a
• Lavar	la[β]ar	la[β]ar
• Marbella	Mar[β]ella	Mar[b]ella

Ejemplo:	Estándar	Colombiano
• Eres grande	eres [ɣ]rande	eres [g]rande
• Esbelto	es[β]elto	es[b]elto
• Dos días	dos [ð]ías	[d]os [d]ías
• Hágalo	há[ɣ]alo	há[ɣ]alo
• Hacer guerras	hacer [ɣ]uerras	hacer [g]uerras
• No hay dinero	no hay [ð]inero	no hay [d]inero
• Audaz	au[ð]az	au[d]az
• Sin vino	sin [b]ino	sin [b]ino
• Soy Víctor	soy [β]actor	soy [b]íctor
• Caudales	cau[ð]ales	cau[d]ales
• Es viernes	es [β]iernes	es [b]iernes
• Al[g]as	al[ɣ]as	al[g]as
• Ley dura	ley [ð]ura	ley [d]ura

Ejercicio 3. Cambia al sufijo -ico.

• Rato	ratico
• Pato	patico
• Gato	gatico
• Caliente	calientico
• Bonito	bonitico
• Poquito	poquitico
• Chiquito	chiquitico
• Juntos	junticos
• Saludo	saludicos
• Marta	Martica

Ejercicio 4. ¿Cómo se dirían las siguientes oraciones con ustedeo y voseo?

Ejemplo:	ustedeo	voseo
• ¿Quieres un poco?	¿Quiere un poco?	¿Querés un poco?
• Enséñame cómo hacerlo	Enséñeme cómo hacerlo	Enseñame cómo hacerlo
• Vete de aquí	Váyase de aquí	Andate de aquí
• Si me ayudas, voy	Si me ayuda, voy	Si me ayudás, voy
• No me hables	No me hable	No me hablés
• Dime cómo te llamas	Dígame cómo se llama	Decime cómo te llamás
• ¿Fuiste a la reunión?	¿Fue a la reunión?	¿Fuiste a la reunión?
• No me entretengas	No me entretenga	No me entretengás
• Estrénalo mañana	Estrénelo mañana	Estrenalo mañana
• Recibe un abrazo	Reciba un abrazo	Recibí un abrazo

Ejercicio 5. Transforma al dialecto caribeño colombiano usando los siguientes rasgos: aspiración de [s], [h], [ŋ] o nasalización, elisión de [ð] intervocálica y [ɾ] final.

• Este corazón	E[h]te corazó[ŋ] / e[h]te coraz[õ]
• Fue sin querer	Fue sin queré
• Estoy cansado	E[h]toy cansao
• La gente quiere hablar	La [h]ente quiere hablá
• Me lo han comentado	Me lo ha[ŋ] comentao

Ejercicio 6. Contesta las preguntas.

1. ¿Cuál es el origen de la palabra Venezuela? De una comparación con Venecia. Los indígenas de esta región vivían sobre canales de agua.
2. ¿Qué tipo de dialecto tiene más prestigio en Venezuela? El de tierras bajas.
3. ¿Cómo es que el español venezolano llegó a ser muy popular en el mundo hispano? A través de sus producciones de televisión.
4. ¿Quién fue Simón Bolívar? Un prócer sudamericano.

Ejercicio 7. Responde las siguientes preguntas usando la pronunciación de Caracas.

    1. ¿Cómo te sientes ahora?

Me siento e[h]tupendo.

    2. ¿Qué vas a hacer este fin de semana?

Voy a e[h]tudiar.

    3. ¿Has llorado despidiéndote de un ser querido?

Sí he llorao.

    4. ¿Qué tipo de ropa llevabas puesta ayer?

Andaba uno[h] pantalone[h] azule[h].

    5. ¿Qué país hispano quisieras visitar?

Me gu[h]taría conocer Colombia.

Ejercicio 8. Convierte las siguientes oraciones a preguntas sin inversión.

• ¿Qué haces?	¿Qué tú haces?
• ¿Dónde vives?	¿Dónde tú vives?
• ¿Qué dijo él?	¿Qué él dijo?
• ¿Cuándo llegó usted?	¿Cuándo usted llegó?
• ¿Cómo te llamas?	¿Cómo tú te llamas?
• ¿A quién buscas?	¿A quién tú buscas?
• ¿Cuál escogiste?	¿Cuál tú escogiste?
• ¿De dónde vienes?	¿De dónde tú vienes?
• ¿Adónde viajas?	¿Adónde tú viajas?
• ¿Qué escuchas?	¿Qué tú escuchas?

Ejercicio 9. Usa la estructura preposición + sujeto + infinitivo.

• Para que yo vaya.	Para yo ir.
• Después de que comas.	Después de tú comer.
• Para que yo lo haga.	Para yo hacerlo.
• Antes de que tú lo digas.	Antes de tú decirlo.
• En lugar de que vengas.	En lugar de tú venir.
• Son para que los copies.	Son para tú copiarlos.
• A dos días de que viniste.	A dos días de tú venir.
• Para que lo tomes.	Para tú tomarlo.
• Para que puedas ir.	Para tú poder ir.
• Antes de que yo te conociera.	Antes de yo conocerte.

Ejercicio 10. Escribe 5 frases con mandatos de cortesía usando la estructura será que + perífrasis. Las respuestas pueden variar.

Ejercicio 11. Escribe un pequeño diálogo entre un colombiano del interior y un venezolano de Caracas. Usa algunos rasgos lingüísticos de estas regiones y al menos 5 palabras típicas de ambos países. Las respuestas pueden variar.

Capítulo 10. El español de Bolivia, Ecuador y Perú

Ejercicio 1. Responde.

- ¿Cuáles son los países andinos? Típicamente Bolivia, Ecuador y Perú, pero se puede incluir Colombia, Venezuela, Chile y Argentina.
- ¿Qué hace únicos a Bolivia, Ecuador y Perú como regiones típicamente andinas? Su alta presencia indígena.
- ¿Qué clima hay en las ciudades andinas? Fresco y frío.
- ¿Qué tipo de variedad de español tiene la zona andina? De tierras altas.
- ¿Cuáles son las ciudades importantes de las tierras bajas de Bolivia, Ecuador y Perú? ¿Qué ciudades están en la costa? Santa Cruz, Guayaquil y Lima. Guayaquil y Lima están en la costa.
- ¿Cómo difiere el clima entre las ciudades de Santa Cruz, Guayaquil y Lima? Santa Cruz puede ser fresco en invierno, Guayaquil es tropical todo el año y Lima es caluroso pero matizado con los vientos y la nubosidad.

- A nivel de prestigio, ¿cómo es la situación del español de Santa Cruz, Guayaquil y Lima? Suelen tener valoración positiva.

Ejercicio 2. Responde.

- ¿Qué ciudades andinas tienen mayor población indígena? La Paz y Cusco.
- ¿Dónde se habla el quechua y el aimara? Bolivia, Ecuador y Perú.
- ¿Por qué el español de Cusco no es el más prestigioso de Perú, a pesar de ser de tierras altas? Se asocia con los indígenas y no es el de la capital.
- ¿Por qué los habitantes de Santa Cruz suelen valorar positivamente su español, a pesar de ser de tierras bajas y no el de la capital del país? Tienen un sentido de identidad alto.

Ejercicio 3. Señala las letras *s* donde [s] se puede sonorizar en el español andino.

- Mis tíos
- Loz artistas
- Esaz ilusiones
- Tienes quince años
- Vivez en Quito
- Mejorez amigos
- Más frío
- Trez estudiantes
- Presidentez hispanos
- Muchoz abrazos

Ejercicio 4. Transcribe las letras *ll/y* con los símbolos fonéticos correspondientes a la distinción según el español paceño, cusqueño y quiteño.

	La Paz y Cusco		Quito	
• Hallé	La Paz y Cusco	[ʎ]	Quito	[ʒ]
• Mayoría	La Paz y Cusco	[j]	Quito	[j]
• Rayo	La Paz y Cusco	[j]	Quito	[j]
• Muralla	La Paz y Cusco	[ʎ]	Quito	[ʒ]
• Llorar	La Paz y Cusco	[ʎ]	Quito	[ʒ]
• Estrellarse	La Paz y Cusco	[ʎ]	Quito	[ʒ]
• Cayó	La Paz y Cusco	[j]	Quito	[j]
• Enrollarse	La Paz y Cusco	[ʎ]	Quito	[ʒ]
• Leyes	La Paz y Cusco	[j]	Quito	[j]
• Lluvioso	La Paz y Cusco	[ʎ]	Quito	[ʒ]

Ejercicio 5. ¿Cómo se pronunciarían las siguientes palabras con reducción de vocales?

• Manos	mans
• Pagues	pags
• Tienes	tiens
• Paredes	pareds
• Aves	avs
• Parados	parads
• Yates	yats
• Lames	lams
• Altos	alts
• Amos	ams

Ejercicio 6. ¿Quién lo dijo? ¿Un paceño, un cusqueño o un quiteño? ¿Los tres?

• ¿Vos tienes frío?	Paceño o quiteño
• ¿Quieres tú venir?	Cusqueño
• ¿De dónde eres tú?	Cusqueño
• Vos siempre me dices la verdad.	Paceño o quiteño
• Quizás vos no eres de aquí.	Paceño o quiteño
• Dime qué piensas.	Los tres
• ¡Si tú me ayudaras!	Cusqueño
• Vos crees que soy tonto.	Paceño o quiteño
• ¿Quieres que vaya con vos?	Paceño o quiteño
• Mándame un WhatsApp.	Los tres

Ejercicio 7. Transcribe *ll/y* con el símbolo fonético que corresponde, según la ciudad. Recuerda usar los símbolos [ʎ] y [ʝ].

	Lima / Guayaquil	Santa Cruz
• Calle	[ʝ]	[ʎ]
• Soya	[ʝ]	[ʝ]
• Mayo	[ʝ]	[ʝ]
• Yoga	[ʝ]	[ʝ]
• Pollo	[ʝ]	[ʎ]
• Haya	[ʝ]	[ʝ]
• Halla	[ʝ]	[ʎ]
• Yema	[ʝ]	[ʝ]
• Paraguayo	[ʝ]	[ʝ]
• Caballo	[ʝ]	[ʎ]
• Estrellarse	[ʝ]	[ʎ]
• Enrollarse	[ʝ]	[ʎ]

Ejercicio 8. ¿A qué palabras corresponden las siguientes transcripciones?

• [oʝo]	hoyo
• [roʎo]	rollo
• [rejes]	reyes
• [maʝa]	maya
• [maʎa]	malla
• [ʝoʝo]	yoyo
• [ʝeɾno]	yerno
• [ʎeβaɾ]	llevar
• [ajeɾ]	ayer
• [miʎones]	millones

Ejercicio 9. ¿Quién lo dijo? ¿Alguien de Santa Cruz, Guayaquil o Lima?

• ¿Tienes frío?	Lima
• Decime qué pasó.	Santa Cruz, Guayaquil
• ¿Fuiste a la fiesta?	Lima, Santa Cruz, Guayaquil
• ¡Andate de aquí!	Santa Cruz, Guayaquil
• Olvidame.	Santa Cruz, Guayaquil
• ¡No vengas!	Lima
• Quiero que lo averigües.	Lima
• ¿No tendrás frío?	Lima, Santa Cruz, Guayaquil
• Vení mañana.	Santa Cruz, Guayaquil
• Ayúdame.	Lima

Ejercicio 10. Escribe 9 preguntas usando palabras peruanas, ecuatorianas y bolivianas (3 por país). Luego hazlas a alguien de la clase. Las respuestas pueden variar.

Capítulo 11. El español de Chile

Ejercicio 1. Investiga sobre las siguientes personalidades y personajes chilenos.

- Augusto Pinochet. Dictador chileno.
- Isabel Allende. Hija del expresidente chileno Salvador Allende. Escritora.
- Pablo Neruda. Poeta premio nobel.
- Condorito. Caricatura cómica famosa chilena.
- El viejito pascuero. Es Santa Claus.

Ejercicio 2. Practica la aspiración de [s] final de sílaba como en el dialecto chileno.

- E[h]toy en Santiago.
- Somo[h] e[h]tudiante[h].
- Eso[h] libro[h] no son mío[h].
- Ello[h] quieren zapato[h] nuevo[h].
- Hay mucha[h] carta[h] en ese buzón.

Ejercicio 3. Pronuncia las siguientes palabras de forma dental (estándar) y alveolar [tʃɹ].

tr se debe pronunciar como [tʃɹ].

Ejercicio 4. Pronuncia la pronunciación de *je*, *ji*, *ge*, y *gi* en las siguientes palabras de forma velar [x] y palatal [ç].

- [ç]ente
- [ç]itano
- [ç]efe
- [ç]en[ç]ibre
- [ç]erarquía
- [ç]eneralmente
- Pá[ç]ina
- [ç]iro
- Cora[ç]e
- [ç]irafa

Ejercicio 5. Transforma al voseo chileno.

• ¿Dónde estás?	¿Dónde estái?
• Creo que andas muy triste.	Creo que andái muy triste.
• ¿Por qué te enojas?	¿Por qué te enojái?
• Tú sabes que no puedo ir.	Tú sabís/sabí que no puedo ir.
• ¿Me entiendes?	¿Me entendís?/¿Me entendí?
• Dime la verdad.	Dime la verdad.
• ¿Cuándo llegas de México?	¿Cuándo llegai de México?
• ¿Te acuerdas de mí?	¿Te acordái de mí?
• Es lo mejor que puedes hacer.	Es lo mejor que podís/podí hacer.
• ¿Tú ves esa telenovela?	¿Tú vis/vi esa telenovela?
• Apaga la luz, por favor.	Apaga la luz, por favor.
• Te ayudo si quieres.	Te ayudo si querís/querí.
• ¿De dónde eres?	¿De dónde eri? / ¿De dónde soi?
• ¿Ya has visto esa película?	¿Ya hai visto esa película?
• ¿Dormiste bien?	¿Dormiste bien?
• ¿Me ayudas?	¿Me ayudái?

• ¿Jugabas fútbol cuando eras niño?	¿Jugabai fútbol cuando erai niño?
• ¿Adónde vas?	¿Adónde vai?
• ¿Por qué lees Condorito?	¿Por qué leís/leí Condorito?
• ¿Me compras un regalo?	¿Me comprái un regalo?

Ejercicio 6. Completa las frases con una palabra del léxico chileno. Algunas respuestas pueden variar.

- La comida mexicana tiene mucho ají.
- Esa película me parece fome.
- No quiero ir, ¿cachái lo que quiero decir?
- Mi mejor amiga tiene una guagua que llora mucho.
- Ese sándwich de palta está buenísimo.
- Pobrecito, lo dejó su polola.
- Oye weón, no quiero ir.
- Ah, qué bacán también me gusta.
- Es urgente. Necesitamos hacerlo al tiro.
- ¡No sé qué hacer weón!
- Detesto a ese culiado.
- No me gusta esa weá.

Ejercicio 7. Practica el siguiente diálogo entre dos chilenos. Luego transfórmalo al español "estándar".

- Hola chico, ¿Cómo estás?
- Aquí, amigo, estudiando para el examen, hermano. ¡Qué hambre tengo!
- Sí, amigo. Detesto esa cosa. Hay una fiesta ahora y tienen comida. ¿Entiendes?
- ¿Quieres que vayamos? ¿Sabes qué tienen de comida?
- Sí, amigo. Tienen sándwiches y están buenísimos.
- Buena idea, amigo. Yo quiero uno con aguacate y chile, pero inmediatamente, porque tengo hambre.
- Vamos, pues, chico. Esos sándwiches son lo máximo, amigo.
- Vamos, pues. ¡Qué bien!

Capítulo 12. El español de Paraguay

Ejercicio 1. Explica los siguientes términos.
Guaraní: lengua indígena oficial de Paraguay.
Yopará: guaraní muy influido por el español.
Guarañol: español paraguayo con mucho influjo del guaraní.
Diglosia: convivencia de dos lenguas en una sociedad, cada una con una función diferente.

Ejercicio 2. ¿Sabes qué significan las siguientes palabras de origen guaraní?

- Ananá: piña.
- Mandioca: un tipo de yuca.
- Maraca: instrumento musical.
- Maracuyá: fruta tropical.
- Piraña: tipo de pez.
- Ñandú: tipo de ave.
- Tucán: tipo de ave.

Ejercicio 3. ¿Cómo se pronunciarían las siguientes frases con aspiración de [s] final ante consonante?

• Los cantantes.	Lo[h] cantantes.
• Estoy triste.	E[h]toy tri[h]te.
• Es obvio.	Es obvio.
• Es grande.	E[h] grande.
• Arroz con pollo.	Arro[h] con pollo.
• Me gusta.	Me gu[h]ta.
• Les ayudé.	Les ayudé.
• No es divertido.	No e[h] divertido.
• Antes y después.	Antes y de[h]pues.
• Escríbanos un email.	E[h]críbanos un email.

Ejercicio 4. Transforma al leísmo paraguayo.

• La vi en la clase.	Le vi en la clase.
• No lo conozco.	No le conozco.
• Tengo que apoyarlos.	Tengo que apoyarles.
• Mencionalas a todas.	Mencionales a todas.
• Yo lo quiero mucho.	Yo le quiero mucho.
• Ellos la adoptaron.	Ellos le adoptaron.
• Deténgalas, por favor.	Deténgales, por favor.
• ¿Los cuidás?	¿Les cuidás?
• Ella lo acostó en la hamaca.	Ella le acostó en la hamaca.

Ejercicio 5. Repaso del voseo. Transforma al voseo paraguayo.

• Tienes que visitarme.	Tenés que visitarme.
• ¡Ayúdame!	¡Ayudame!
• ¿Me llamas?	¿Me llamás?
• ¡Sal de aquí!	¡Salí de aquí?
• ¿Quieres que vaya contigo?	¿Querés que vaya con vos?
• Necesito que me lo digas.	Necesito que me lo digás.
• Dímelo, por favor.	Decímelo, por favor.
• Esto es para ti.	Esto es para vos.

Ejercicio 6. Usa una partícula del guaraní en las siguientes frases.

• ¡Vengan!	¡Vengan na!
• ¿Dónde?	¿Dónde pa?
• ¿Me ayuda?	¿Me ayuda pa?
• ¡Alcánceme la sal!	¡Alcánceme la sal na!
• ¿Para qué?	¿Para qué pa?

Ejercicio 7. Haz las siguientes preguntas a un compañero/a. Las palabras en negrita corresponden a palabras y expresiones del vocabulario típico paraguayo. Las respuestas pueden variar.

Capítulo 13. El español de Buenos Aires (Argentina) y Montevideo (Uruguay)

Ejercicio 1. Responde las siguientes preguntas (busca las respuestas en la red).

1. ¿Quién era Domingo Faustino Sarmiento? ¿En qué fue polémica su posición? Domingo Sarmiento (1811–1888) fue un político argentino que influyó en la educación y cultura de Argentina. Su posición sobre los indígenas, los gauchos y los judíos fue polémica porque los consideraba bárbaros y salvajes.

2. ¿Cuáles son los principales productos de exportación argentinos? Soya, maíz, trigo, etc.

3. Investiga sobre el rock argentino de los años 80. ¿Quiénes han sido los principales exponentes? Charly García, Soda Stereo, Los Abuelos de la Nada, Enanitos Verdes, Virus, Andrés Calamaro, Miguel Mateos, Fito Páez, etc.

4. Investiga sobre Eva Perón, Juan Domingo Perón e Isabel Perón. ¿Quiénes eran? ¿Cuál fue su relación? ¿Quiénes fueron presidentes de Argentina y en qué condiciones? Juan Perón (1895–1974) fue presidente de Argentina y fundador del movimiento peronista. Eva (1919–1952) e Isabel (1931) fueron esposas de Juan Perón. Eva fue la segunda esposa de Juan Perón. Fue política y activista social. Murió muy joven. Isabel Perón fue la tercera esposa de Juan Perón. Fue vicepresidenta de Argentina mientras su marido gobernaba. Al morir su marido, llegó a ser presidenta de Argentina.

5. Argentina es el país donde más se está escuchando el lenguaje inclusivo en el habla de muchos jóvenes y de algunas personas. Busca entrevistas en YouTube de argentinos que utilicen el lenguaje inclusivo y menciona algunos ejemplos que escuchaste (palabras claves: lenguaje inclusivo Argentina). Las respuestas pueden variar.

6. Investiga sobre el expresidente uruguayo José Mujica, quien ganó muchos simpatizantes en el mundo por algunas de sus declaraciones sobre diversos temas. Busca citas de cosas que haya dicho y di lo que te parece. Las respuestas pueden variar.

Ejercicio 2. Busca videos en la red que hablen de palabras argentinas, por ejemplo, el video "Cosas Que Dicen Los Argentinos Hecho Por Un Yanqui" del youtubero estadounidense Dustin Luke. ¿Qué palabras te parecen interesantes? Las respuestas pueden variar.

Ejercicio 3. ¿Cómo se pronunciarían las letras que están en negrita en las siguientes oraciones en Buenos Aires y Montevideo? Usa el rehilamiento o ensordecimiento, la aspiración de [s] y la [x] velar.

- Quiero po[ʒ]o.
- ¡Qué sé [ʒ]o!
- Ehtoy [ʒ]eno.
- Igual me[x]or me ca[ʒ]o para que de[x]es de [ʒ]orar.
- No quiero que va[ʒ]ah por a[ʒ]í con esa [x]ente.
- Salgamo[h] de pla[ʒ]a porque parece quiere [ʒ]over.
- Eh que [ʒ]a me di[x]ihte que [ʒ]o no me ca[ʒ]e.
- ¿Me [ʒ]amahte durante el tra[ʒ]ecto?
- No, [ʒ]o no te [ʒ]amé.
- [ʒ]o [ʒ]a [ʒ]amé a[ʒ]er al urugua[ʒ]o.

Ejercicio 4. Alarga las vocales en las siguientes frases. Marca las vocales que alargues.

- No **quie:**ro.
- ¡Me enca:nta!
- ¡**Bue:**no!
- Desde hace **tie:**mpo.
- ¡No me consta para **na:**da!
- ¡Pero qué bolu:do!
- Apura:te queri:do
- No **tie:**ne 7 a:ños.
- Ya está la **to:**rta.
- Tranquilizate un **po:**co.

Ejercicio 5. Transforma la conjugación de los siguientes verbos al voseo en presente indicativo e imperativo afirmativo.

• Aguantar	aguantás	aguantá
• Avisar	avisás	avisá
• Conformarse	te conformás	conformate
• Desvelarse	te desvelás	desvelate
• Disimular	disimulás	disimulá
• Encontrar	encontrás	encontrá
• Fijarse	te fijás	fijate

- Meterse   te metés   metete
- Parar   parás   pará
- Repartir   repartís   repartí

Ejercicio 6. Transforma las siguientes frases al voseo argentino.

• Soy igual que tú.	Soy igual que vos.
• Si te roban a ti, es tu problema.	Si te roban a vos, es tu problema.
• Ríes conmigo.	Reís conmigo.
• No seas interesado.	No seas interesado.
• Necesito alguien como tú.	Necesito alguien como vos.
• Creo que dejas mucho que desear.	Creo que dejás mucho que desear.
• No conduzcas en la hora pico.	No conduzcas en la hora pico.
• ¿No te pusiste la chaqueta?	¿No te pusiste la chaqueta?
• Cuéntame qué pasó.	Contame qué pasó.
• ¿Eres del Boca o del River?	¿Sos del Boca o del River?

Ejercicio 7. Escribe un diálogo usando al menos 10 palabras típicas de Argentina y vosco. Luego léelo ante la clase haciendo la pronunciación y la entonación circunfleja argentina.
Las respuestas pueden variar.